聖書の同盟
アメリカはなぜユダヤ国家を支援するのか

Funatsu Yasushi
船津 靖

KAWADE夢新書

聖書と冷戦が生んだアメリカとイスラエルの特別な同盟――はじめに

目には十の目、聖地の紛争

アメリカはなぜ、「アメリカ第一主義」のトランプ前大統領も、リベラル派のバイデン大統領も、イスラエルをこれほど支援するのでしょうか?

2023年10月7日、地中海沿岸のパレスチナ自治区ガザを支配するイスラム主義組織ハマスが、イスラエル人や外国人約1200人を無差別に殺害しました。イスラエルのネタニヤフ右派政権は「ハマス壊滅」を掲げてガザ地区を猛攻し、パレスチナ人の犠牲者数は千、万単位で増えていきました。大規模テロへの報復としても「目には目」どころか「目には十の目」でも足りない凄まじさです。

この日を境に、ガザ、ハマス、イスラエルという名前を聴かない日はないほどです。それまで国際ニュースの焦点はロシアのウクライナ侵略でしたが、様変わりしました。

パレスチナ紛争はなぜこれほど世界の注目を集めるのでしょう? それには、紛争の舞台がユダヤ教、キリスト教、イスラム教という三つの一神教の聖地であることが大きく影響しています。「聖地の紛争」は、超大国アメリカと深い関わりがあります。

リベラルも保守も超党派で支援

バイデン米大統領は、大規模テロ直後の10月半ばイスラエルへ飛び、動揺するイスラエル国民に寄り添いました。大量の武器弾薬を供与し、近海に空母を2隻派遣しました。けれども、ハマスの戦闘員に加え、女性や子供多数を含む死傷者数が恐ろしい勢いで増えるにつれ、バイデンは、リベラルとされる与党民主党の「進歩派」「左派」「アラブ系」の人々から強い批判を受け始めました。

米大統領の親イスラエル外交では前任者のトランプが突出していました。トランプは米大使館の聖地エルサレム移転を強行しました。これは国連安保理決議を無視する国際法違反でした。「トランプの共和党の支持基盤が保守的なキリスト教福音派(ふくいんは)だから」といった説明を聞いたことのある方もいらっしゃるでしょう。

アメリカはなぜ、保守派の共和党もリベラル派の民主党も、イスラエルをこれほど支援するのでしょうか？　それは、アメリカとユダヤ国家イスラエルが「特別な関係」にあるからです。「特別な関係」とは特別な同盟関係のことです。

「特別な関係」という言葉をアメリカとイギリスの同盟関係に使って有名にしたのはイギリスのチャーチル前首相です。アメリカとイスラエルの「特別な関係」に初めて公式に触れたのはチャーチルを尊敬していたケネディ米大統領でした。

アメリカとイスラエルの特別な関係の基盤は何なのでしょうか？「聖書」です。古代のユダヤ人が編集した「旧約聖書」（ヘブライ語聖書）とキリスト教の「新約聖書」（ギリシア語聖書）です。

旧約はユダヤ教とキリスト教両方の聖書、新約はキリスト教だけの聖書。アメリカとイスラエルの特別な同盟関係の基盤にあるのは、ユダヤ・キリスト教の宗教・政治文化の共有です。本書のタイトルを『聖書の同盟』とした理由です。

聖書の建国神話と黙示思想

「旧約聖書」の「出エジプト記」によれば、古代イスラエルは、神に選ばれたユダヤ人がエジプトのファラオの専制支配を逃れ、自由を求めて神の「約束の地」につくった国です。

現代イスラエルの建国物語は、この「出エジプト」神話をなぞっています。

17世紀に、北米大陸に入植したキリスト教プロテスタントのピューリタン（清教徒）も「新大陸」に自由な「新しいイスラエル」をつくる宗教的な熱情に突き動かされていました。「約束の地」の「自由の物語」は、独立宣言や合衆国憲法の基盤を成し、アメリカの国民的アイデンティティやリベラルな価値観を形づくっています。

旧約の「ヨシュア記」は、「神の選民」が「約束の地」で自由を得るまでに起きた先住民の殺戮（さつりく）や支配の過程も克明に描きます。まるでアメリカ先住民やパレスチナ・アラブ人の苦難を先取りしているかのようです。

トランプ支持者に多い保守的なキリスト教福音派は、「新約聖書」の「ヨハネの黙示録（もくしろく）」などを解釈した聖書預言、終末論の影響を受けています。「世界の終わり」に、救世主（メシア）イエスが聖地エルサレムに再臨し、善と悪の最終戦争（ハルマゲドン）を経て「千年王国」（ミレニアム）が出現する、とする黙示思想です。荒唐無稽（こうとうむけい）なファンタジーのようですが、黙示思想はアメリカの政治文化、大衆文化に広く、深く浸透しています。

アメリカとイスラエルの関係を、中東の地政学や安全保障を抜きに語ることはもちろんできませんが、両国が「特別な関係」と呼ばれるのは、聖書の伝統に基づく宗教・政治文化、建国神話・物語を、指導層から広く大衆まで共有していることが大きいのです。

冷戦で強調された「ユダヤ・キリスト教」、アメリカの偏愛

「ユダヤ・キリスト教」と、ふたつの一神教をひとくくりにする思想は、アメリカが無神論のマルクス・レーニン主義国家ソ連と対立した冷戦期に強調されました。宗教のような伝統文化は固有で本質的なものに思えますが、その時々の政治的な都合で「発見」されたり、強調されたりもします。聖書の編集そのものも、古代の政治権力の野心と密接に関係していたらしいことが、近年の聖書考古学で指摘されています。

両国の「特別な関係」を支えているのは、超大国アメリカの側が聖地のユダヤ国家に抱く「偏愛」です。イスラエルの対米観は意外にドライです。これほど緊密な同盟関係にありながら、日米安全保障条約のような正式の二国間条約がありません。

「聖書の同盟」の背景をたどると、日本の同盟国アメリカの、普段はあまり意識されない不思議な「国のかたち」が見えてきます。日本は一神教の信徒が人口の2%にも満たない世界でもまれな国。多くの日本人にはわかりにくい、アメリカの独特な宗教・政治文化が浮かび上がります。

「成功したよそ者」ユダヤ人と日本人

日本人とユダヤ人の歴史的、文化的な状況はまったく似ていないように思われます。けれども、西洋キリスト教文明の部外者の中で西洋近代に最初に適応した数少ない「成功したよそ者」(シロニ・ヘブライ大教授)という点では共通点があります。私や周囲の経験では、日本人が海外で仲良くなる外国人にはユダヤ系の人々が少なくありません。

現代イスラエルの成り立ちを簡単にいえば、イギリスが国際連盟の委任統治領にした旧オスマン帝国の辺境パレスチナに、主にロシアやウクライナ、東欧出身のユダヤ人が、キリスト教世界の反ユダヤ主義を逃れて入植し、現地のアラブ人と抗争しながら、アメリカの強い支援を得て誕生した国、ということになるでしょう。

私は共同通信のモスクワ、エルサレム、ロンドン、ニューヨークの4支局に計10年ほど赴任しました。どの都市もイスラエルやユダヤ人と深い関係がありました。取材や研究で得た知見を日本の読者に還元できれば、とてもうれしいです。

船津　靖

聖句

主はアブラムに言われた。（中略）あなたを祝福する人を私は祝福し／あなたを呪う人を私は呪う。地上のすべての氏族は、あなたによって祝福される。（「創世記」12章）

あなたの子孫にこの地を与える。エジプトの川からあの大河ユーフラテスに至るまでの、（後略）（「創世記」15章）

主は言われた。「私は、エジプトにおける私の民の苦しみをつぶさに見、追い使う者の前で叫ぶ声を聞いて、その痛みを確かに知った。それで、私は降って行って、私の民をエジプトの手から救い出し、その地から、豊かで広い地、乳と蜜の流れる地、カナン人、ヘト人、アモリ人、ペリジ人、ヒビ人、そしてエブス人の住む所に導き上る。今、イスラエルの人々の叫びが私のもとに届いた。私はエジプト人が彼らを虐げているのを目の当たりにした。さあ行け。私はあなたをファラオのもとに遣わす。私の民、イスラエルの人々をエジプトから導き出しなさい。」（「出エジプト記」3章）

寄留者を虐待してはならない。抑圧してはならない。あなたがたもエジプトの地で寄留者だったからである。いかなる寡婦や孤児も苦しめてはならない。（「出エジプト記」22章）

バビロンの川のほとり、そこに座り、私たちは泣いた（中略）エルサレムよ／もしも、私があなたを忘れたなら／私の右手は萎えてしまえ（「詩編」137）

以上「旧約聖書」

また私は、聖なる都、新しいエルサレムが、夫のために装った花嫁のように支度を整え、神のもとを出て、天から降って来るのを見た。そして、私は玉座から語りかける大きな声を聞いた。「見よ、神の幕屋が人と共にあり、神が人と共に住み、人は神の民となる。神自ら人と共にいて、その神となり、目から涙をことごとく拭い去ってくださる。もはや死もなく、悲しみも嘆きも痛みもない。（後略）」（「ヨハネの黙示録」21章）

以上「新約聖書」

序章 アメリカとユダヤ国家の「特別な関係」

1章 ユダヤ教とキリスト教の不思議な関係

2章 いくつものシオニズム、ホロコースト軽視

3章 「約束の地」アメリカの建国神話

4章 聖地の占領、福音派の台頭

5章　反和平派の勝利、トランプのタブー破り

終章 対ハマス戦争と同盟の軋み

装幀◉こやまたかこ　地図作成◉原田弘和

イスラエルとパレスチナ自治区

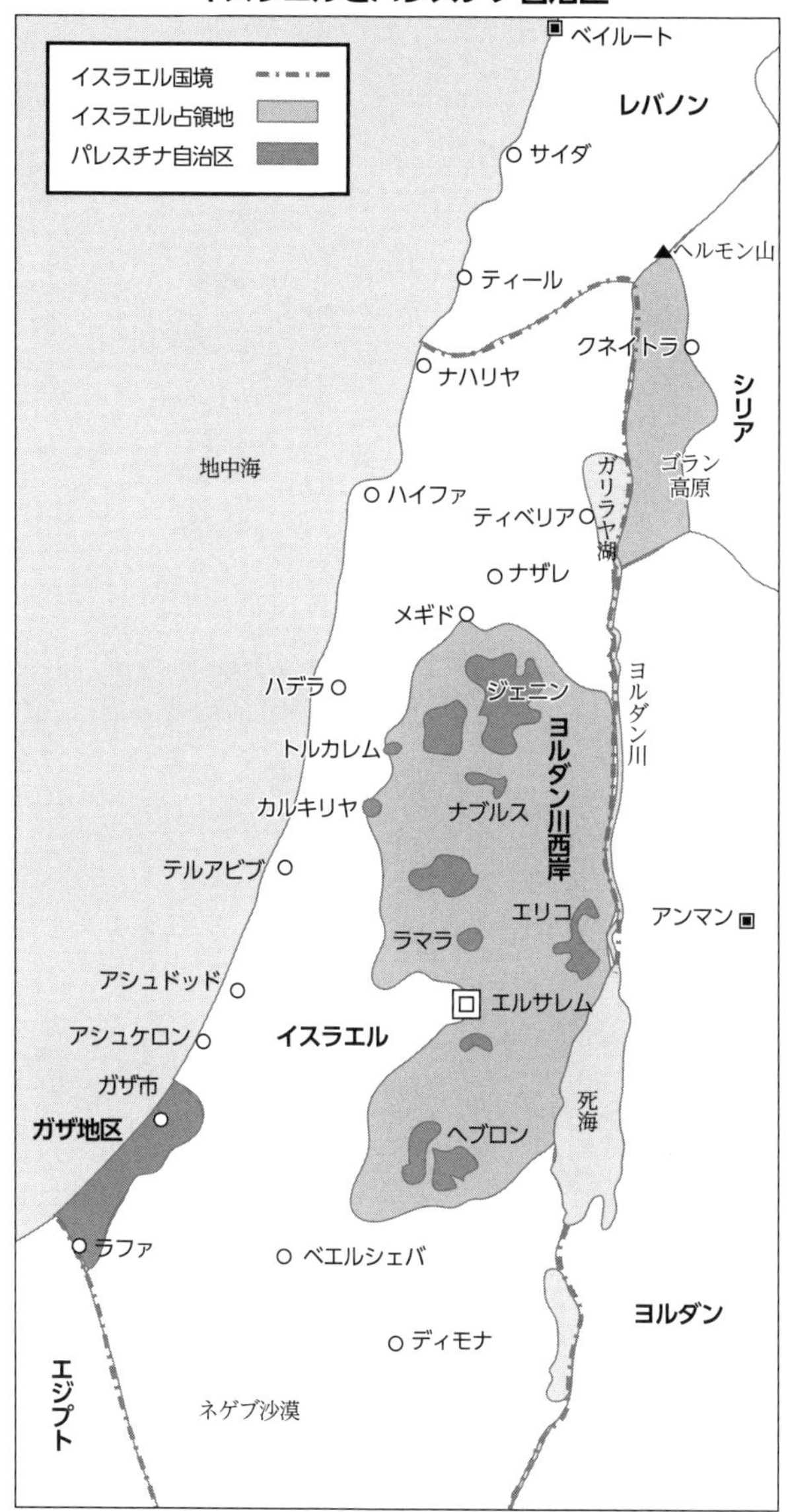

現代中東要図

イスタンブール
アンカラ
アララト
アルメニア
トルコ
カスピ海
トルクメニスタン
地中海
アレッポ
ニコシア
キプロス
レバノン
ベイルート
シリア
ダマスカス
モスル
テヘラン
バグダッド
イスラエル
テルアビブ
イラン
アンマン
イラク
ナタンズ
ガザ
エルサレム
カイロ
ヨルダン
ナジャフ
アカバ湾
クウェート市
シナイ半島
エジプト
スエズ運河
クウェート
バーレーン
サウジアラビア
カタール
ルクソール
マナマ
ドーハ
ホルムズ海峡
リヤド
アブダビ
メディナ
ジッダ
メッカ
アラブ首長国連邦
紅海
オマーン
スーダン
エリトリア
イエメン
サヌア

エルサレム旧市街図

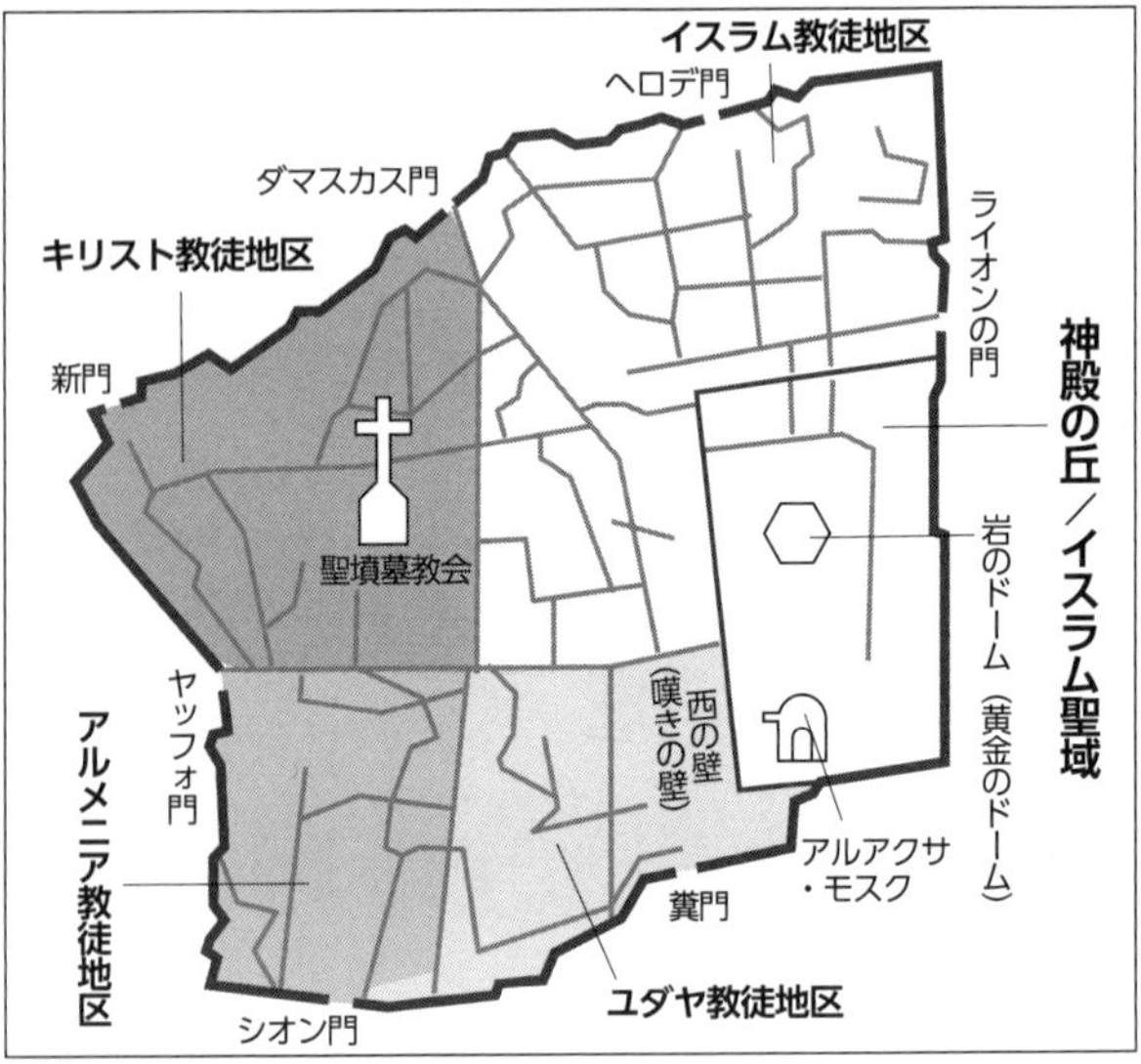

イスラム教徒地区
ヘロデ門
ダマスカス門
ライオンの門
キリスト教徒地区
新門
神殿の丘／イスラム聖域
聖墳墓教会
岩のドーム（黄金のドーム）
ヤッフォ門
西の壁（嘆きの壁）
アルメニア教徒地区
アルアクサ・モスク
糞門
シオン門
ユダヤ教徒地区

第一次中東戦争後(1949年)

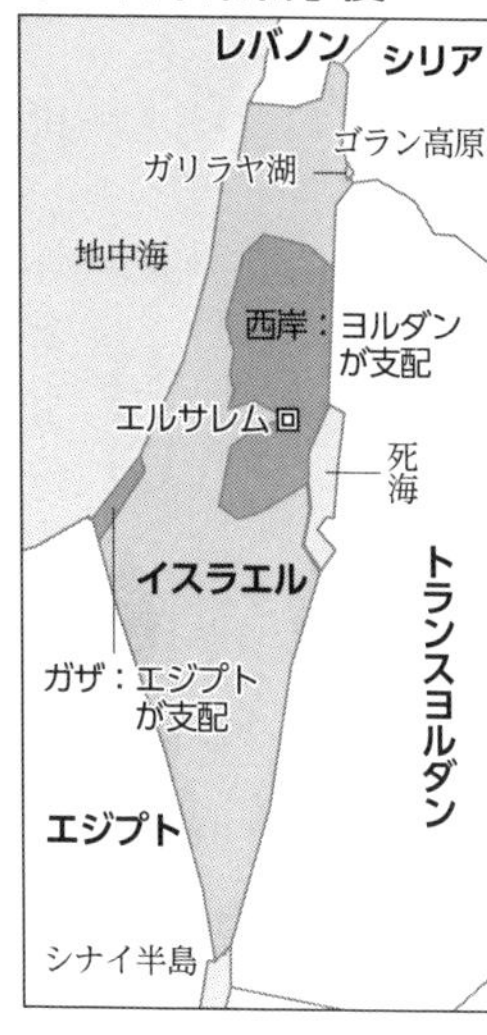

パレスチナ分割決議案(1947年)

第三次中東戦争(1967年初め)

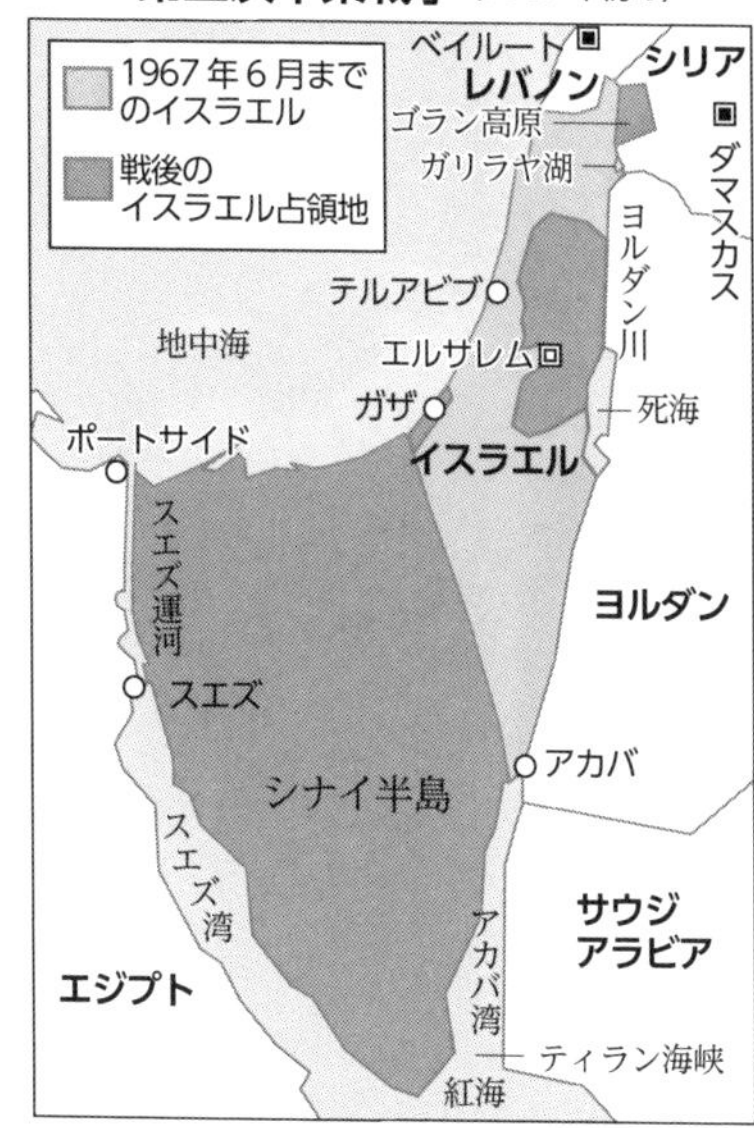

序章　アメリカとユダヤ国家の「特別な関係」

●ユダヤ教は民族宗教

イスラエルは1948年5月、「ユダヤ人国家」として独立を宣言しました。イスラエルは「ユダヤ人」のために建国された国です。「ユダヤ人って誰？」「ユダヤ人って何？」と聞かれて、読者の皆さんは即答できるでしょうか？

大学の新入生に毎年、「ユダヤ人と聞いて誰を、何を、連想しますか？」と尋ねてきました。『アンネの日記』、ホロコースト（ユダヤ人大量虐殺）、アウシュビッツ（絶滅収容所）、物理学者アインシュタイン、イスラエル軍兵士などが回答の常連です。

「イエス・キリスト」と書いた学生がいました。正解です。イエスは、古代イスラエル北部の山村ナザレでユダヤ教徒として育ちました。ガリラヤ湖畔で宣教を始めてからも、イエスの自己認識はユダヤ教の改革者だったと考えられています。イエスは西洋キリスト教社会で2000年近く差別されることになるユダヤ人でした。現代のキリスト教徒は推定約24億人。圧倒的に優勢な世界宗教です。でも、ユダヤ人イエスがいなければキリスト教はなかったのです。ユダヤ教とキリスト教の複雑な関係が垣間見えます。

ユダヤ教は「旧約聖書」を聖典とする民族宗教です。ユダヤ人は聖書の民です。ユダヤ教徒はユダヤ人、ユダヤ人とはユダヤ教徒です。英語ではユダヤ教徒もユダヤ人も「ジュー」です。ヘブライ語の「イェフーディ」も同じです。ヘブライ語はキリスト教徒が「旧約聖書」と呼ぶユダヤ教聖書の言葉です。本書では「ユダヤ人」を主に使い、宗教的な文脈では「ユダヤ教徒」とも呼びます。

同じ一神教でも、キリスト教徒をキリスト人とは呼びません。イスラム教徒をイスラム人とは呼びません。キリスト教やイスラム教は民族宗教ではなく、民族や国籍を問わない世界宗教だからです。ユダヤ教徒がユダヤ人と呼ばれるのは、ユダヤ人の民族的アイデンティティにとってユダヤ教が極めて重要だからです。アメリカ人のキリスト教徒がキリスト教を棄教してもアメリカ人はアメリカ人です。ユダヤ人がユダヤ教を棄教したらユダヤ人ではなくなります。

イスラエルで公式とされる「ユダヤ教正統派」の宗教法によれば、ユダヤ教徒であるためには「母親がユダヤ教徒」であるか「ユダヤ教への改宗者」であることが必要です。父親が不確かなことはあっても、古来、母親についてはまず間違いないからでしょう。この意味でユダヤ教には血統の概念が混入します。

ナチス・ドイツは1935年に悪名高い「ドイツ人の血と名誉を守るための法律」（ニュルンベルク人種法）を制定しました。同法は、キリスト教徒でも祖父母4人のうち3人がユダヤ人出身であればユダヤ人と規定しました。宗教より虚構の「人種」を優先したのです。祖父母4人のうち2人がユダヤ人だと「2分の1ユダヤ人」「混血児」とされました。ユダヤ教団への所属やユダヤ人との結婚の有無などでさらに細かく分類されました。

現代ユダヤ人の暫定的な定義として私は、「ユダヤ教徒であるか、あるいはモーセの十戒、バビロン捕囚、民族離散など古代イスラエルの系譜への帰属意識をアイデンティティの中核とする人々」（『パレスチナ　聖地の紛争』）と書いたことがあります。ユダヤ教徒であればユダヤ人、ユダヤ教徒としての信仰や日常的な儀礼行為がなくても、自分でユダヤ人だと思っている人はユダヤ人、ということです。

大雑把なようですが、アメリカの代表的な世論調査機関ピュー・リサーチセンターも「宗教によるユダヤ人」「宗教によらないユダヤ人」と、ほぼ同様の定義を使っています。他の宗教に改宗した人はユダヤ人から除かれます。イスラエルでは「帰還法」により他国籍のユダヤ人にもイスラエルへの定住権、市民権を与えます。「他の宗教の信徒ではないこと」という条件が後に付け加えられました。

●現代世界のユダヤ人

日本人は大多数が日本に住み日本語を話します。ユダヤ人は古来、世界中の国・地域に「異教徒」「ユダヤ人」として住んできました。言語もさまざまです。イスラエル以外ではヘブライ語を話せないユダヤ人が普通です。現代のユダヤ人の大半はニューヨークをはじめアメリカとイスラエルにほぼ半々の割合で住んでいます。

ユダヤ人の人口は、定義により多少の増減がありますが、多めに数えて１６００万人程度と推計されています。ヒトラーのナチスがドイツで政権を握った１９３３年に約１５３０万人でした。１００年近くかけ当時の人口を回復したかどうかという状況です。当時約９００万人とされたヨーロッパ・ユダヤ人の３分の２、約６００万人が虐殺されました。

ニューヨーク・マンハッタン区のトリニティ教会と9.11同時テロで破壊された世界貿易センタービル跡の高層ビル。道行く人の大半はキリスト教徒、数人にひとりはユダヤ人（撮影・著者）

その影響の凄まじさがわかります。

世界人口は2023年に80億人を超えました。人類の過半数がユダヤ教を母胎とするキリスト教、イスラム教という一神教の信徒であるか、その文化圏で暮らしています。ユダヤ人は世界人口の約0・2％。でもノーベル賞受賞者の20％を超えるといわれます。相対性理論のアインシュタイン、『変身』『城』の小説家カフカ、精神分析のフロイト、『資本論』のマルクス。さかのぼれば『エチカ（倫理学）』の哲学者スピノザ、現代では「未知との遭遇」「シンドラーのリスト」の映画監督スピルバーグや世界的投資家ソロス……と、きりがありません。ブリンケン米国務長官、エマヌエル駐日米大使もユダヤ人です。現代の国際政治で最も有名なユダヤ人はウクライナのゼレンスキー大統領でしょう。

●中東戦争と聖地の占領

イスラエルが1948年に独立を宣言した領域は、前年の「国連パレスチナ分割決議」で「アラブ人国家」に隣接する「ユダヤ人国家」とされた地域でした。米ソ2超大国は直ちに宣言を承認しましたが、エジプト、シリアなどは独立を認めず、ユダヤ国家の領域に侵攻し、第一次中東戦争が勃発しました。

アラブ諸国軍は自国の国益を優先して足並みがそろわず、戦況はしだいにイスラエルに有利になります。イスラエルは翌年までにアラブ諸国と個別に停戦合意を結びました。聖地エルサレムは西側をイスラエル、東側をヨルダンが実効支配し、分断されました。イスラエルの支配地域は建国時の約2倍になりました。

領内のアラブ人約70万人が故郷の町や村を追われ、戦後にエジプトが支配したガザ地区やヨルダンが支配下に置いたヨルダン川西岸地域、近隣アラブ諸国などに脱出し、難民になりました。パレスチナ人は「ナクバ」（大破局）と呼びます。中東和平交渉でパレスチ

エルサレム「神殿の丘／聖域」の岩（黄金）のドーム。イスラエルが併合、宗教施設はイスラム教徒が管理。遠景は市西方のユダヤ人街（オリーブ山から撮影・筆者）

ナ側がイスラエル領内への帰還権を求める「パレスチナ難民問題」の起源です。

一方、中東各地でも多数のユダヤ人が家や財産を奪われ、イスラエルなどへの海外移住を余儀なくされました。イスラエルのユダヤ人は、パレスチナ人の難民問題ばかりが取り上げられ、アラブ諸国からのユダヤ人追放が取り上げられない、と不満を口にします。

アラブ民族主義を掲げたエジプトのナセル大統領は１９５６年、スエズ運河を国有化しました。運河の権益を手放したくない英仏両国と謀（はか）り、イスラエルは運河のあるシナイ半島に侵攻しますが、３か国ともアメリカのアイゼンハワー大統領から厳しく批判され、イスラエルも撤兵を余儀なくされます。この「スエズ動乱」、あるいは「シナイ戦争」を日本では第二次中東戦争と呼びます。イスラエルの出兵の目的は、フランスから武器や原子力技術を提供してもらうことでした。

ナセルは1967年5月、イスラエルとの「臨戦態勢」とティラン海峡の「海上封鎖」を宣言し、「戦争目的はイスラエルの破壊」と明言しました。戦争が避けられないと判断したイスラエルは6月5日早朝、エジプトの空軍基地19か所に奇襲攻撃を掛け、約340機中9割を破壊し、戦争の帰趨（きすう）は最初の3時間で決まりました。奇襲の時刻はエジプト空軍の朝食時間をスパイして決定されました。

イスラエルはヨルダンのフセイン国王に、攻撃しなければ攻撃しない、と緊急メッセージを送りました。フセイン国王はアラブ側勝勢を電話で伝えたナセルにまどわされ、ためらった末に攻撃を命じます。イスラエル軍は反撃し、8日までにヨルダン支配下のユダヤ教聖地「神殿の丘」「西の壁」（「嘆きの壁」）を含む東エルサレムを占領しました。国王の痛恨の判断ミスでした。

東西に分割されていたエルサレム全体をイスラエルが実効支配しました。イスラエル軍は10日の停戦までに、エジプトからシナイ半島とガザ地区、ヨルダンから東エルサレムとヨルダン川西岸、シリアからゴラン高原を占領しました。支配地域は4倍になり、占領地をイスラエル領とみなす右派「大イスラエル主義」陣営が勢いづきました。ユダヤ教正統派やアメリカのキリスト教福音派など宗教右派は「神の介入」「奇蹟」と歓喜しました。イスラエルは6月末、東エルサレムの聖地を含むエルサレムの「再統合」を宣言し、併合した東エルサレムの丘にユダヤ人住宅が次々に建設されていきます。

ソ連はエジプトやシリアを支援していました。ジョンソン米大統領はイスラエル寄りでしたが、まだ緊密な同盟国ではありませんでした。イスラエルの圧勝で中東の権力関係は劇的に変化します。アメリカは、イスラエルが軍事力を実証し、広大な占領地を得て中東の「弱者」から「強者」に変貌した後、イスラエルとの関係を強化しました。

●イスラエルを特別扱いするアメリカ

イスラエルのラビン首相とパレスチナ解放機構（PLO）のアラファト議長は1993年、クリントン米大統領（民主党）の仲介で「パレスチナ暫定自治宣言（オスロ合意）」に署名しました。中東和平交渉は、1967年11月に国連安全保障理事会が採択した決議242の「土地（占領地）と平和（条約）の交換」を原則にしています。イスラエルが占領地を返還し、アラブ側がイスラエルと平和条約を締結する、という趣旨です。1979年

「パレスチナ暫定自治宣言」に調印したイスラエル・ラビン首相（左）とPLOアラファト議長（右）。中央はビル・クリントン米大統領
（写真提供：ロイター＝共同）

にはカーター米大統領の仲介でエジプトのサダト大統領とイスラエルのベギン首相が平和条約を結び、イスラエルは占領地シナイ半島のユダヤ人入植地を撤去、軍を撤退させ、エジプトに返還しました。

１９９３年のオスロ合意を受け、パレスチナ自治政府が発足しました。自治政府は、「東エルサレムを首都とし、ヨルダン川西岸とガザ地区を領土とするパレスチナ国家」の樹立が悲願です。イスラエルと隣り合って共存する国家を独立させることで和平を達成する構想を「２国家和平（共存）案」と呼びます。アメリカや欧州連合（ＥＵ）、ロシア、中国、日本、エジプト、ヨルダンや湾岸諸国など国際社会の大部分が公式に２国家案を支持してきました。

2国家案を拒否しているのはガザ地区を支配する宗教右派のイスラム主義組織ハマス、ハマスを支援する反米のイスラム教シーア派国家イラン、レバノンの親イラン・シーア派武装組織ヒズボラなどです。イスラエルでも右派政党リクードやユダヤ教極右は2国家案に反対し、西岸の入植地拡大で将来のパレスチナ国家の領土をズタズタにしようとしています。

アメリカは和平交渉で「公平な仲介者」を自任してきました。しかし国際社会はそうは見ていません。アメリカはイスラエルを特別扱いしている、と批判されてきました。イスラエル建国から20世紀末まで、アメリカの対外援助の約6割がイスラエルへの軍事・経済支援に充てられました。

イスラエルは西岸で強圧的な占領政策を半世紀以上続けています。国連安全保障理事会には占領や入植地拡大を非難する決議がたびたび提出されます。しかし安保理の常任理事国アメリカは頻繁(ひんぱん)に拒否権を行使し、イスラエルを国際社会からの法的な非難や経済制裁から守ってきました。イスラエルはアメリカ外交の中で特別な地位を占めてきました。

●核兵器保有を黙認するアメリカの二重基準

アメリカのイスラエルへの特別扱いは核兵器の不拡散政策において最も著しい、といえます。核不拡散条約（ＮＰＴ）は１９６８年、米ソ2超大国が協力して成立し、国際法としては異例の実効性を保ってきました。米中露英仏という大国の利害が、核兵器不拡散では一致しているからです。この5か国はＮＰＴの合法的な核兵器保有国で、安保理の常任理事国でもあります。

アメリカのブッシュ（子）政権（共和党）は２００３年、イラクの大量破壊兵器（ＷＭＤ）保有疑惑などを理由にイラクに侵攻し、フセイン政権を崩壊させました。アメリカはイランの核開発計画にも一貫して厳しい姿勢で臨んできました。でも核兵器保有が「公然の秘密」とされるイスラエルへの対応はまったく異なります。

イスラエルは核兵器の保有を肯定も否定もしない「あいまい戦略」「不透明政策」を半世紀以上続けています。私は共同通信のエルサレム支局長だったころにラビン、ペレス、ネタニヤフという3人のイスラエル首相にそれぞれ直接、核兵器保有の有無を問いただしました。3人の首相からは、「イスラエルは中東に核兵器を持ち込む最初の国には決してならない」という公式見解が判で押したように返ってきただけでした。

１９８６年、英日曜紙サンデー・タイムズは、ＮＰＴ未加盟のイスラエルが南部ネゲブ砂漠ディモナの地下に秘密の使用済み核燃料（ウラン）再処理施設（プルトニウム分離工場）を設置し、核爆弾１００〜２００個を製造している疑惑を、内部告発者モルデハイ・ヴァヌヌ元技師の証言と50枚以上の写真でスクープ報道しました。米中央情報局（ＣＩＡ）もこの報道で初めてイスラエルの核兵器開発の全容を知ったといわれています。ヴァヌヌはイスラエルの特務機関モサドによって拉致され、イスラエルで収監されました。

研究者や調査報道記者の努力で、共和党のニクソン大統領が１９６９年秋、訪米したイスラエルのゴルダ・メイヤ首相に、核兵器の秘密保有を黙認すると伝えたことが確実視されています。日本の佐藤栄作首相が沖縄返還交渉で、有事の核兵器再持ち込みをアメリカに事実上約束した「核密約」とほぼ同時期です。それ以後、歴代の米政権は共和党も民主党も、イスラエルの核兵器保有を黙認し続けています。

イスラエルはアメリカからＮＰＴ加盟を要求されることはありません。国際原子力機関（ＩＡＥＡ）の査察受け入れを迫られることもありません。国連安保理で非難決議や経済制裁を受けることもありません。イラクやイラン、北朝鮮などとイスラエルへの対応は異なっています。アメリカは核不拡散政策の「二重基準」だと批判されてきました。

●言語・政治文化を共有する米英の「特別な関係」

アメリカとイスラエルの「特別な関係」というとき、何が特別なのでしょうか？　普通の外交・同盟関係と何が違うのでしょうか？

米英の「特別な関係」を強調したイギリスのチャーチルの演説が参考になります。チャーチルは首相退任後の1946年3月、トルーマン米大統領の故郷ミズーリ州に招かれ、「ヨーロッパ大陸はバルト海のシュテッティンからアドリア海のトリエステまで鉄のカーテンが降ろされた」と演説しました。ナチス・ドイツに代わるソ連共産主義の脅威を警告し、米ソ東西冷戦の始まりを告げたといわれる有名な「鉄のカーテン演説」です。

チャーチルは、「両英語国民の共通の遺産である自由と権利を守る政治思想は、イギリスのマグナカルタ、人身保護法、権利章典、陪審制、コモンローを通じ、アメリカ合衆国憲法の表現に到達した」と述べ、アメリカン・デモクラシーを讃(たた)えました。

国際連合の強化と戦争防止のため、「英語国民の友愛的連合」が欠かせないと訴え、「英連邦・帝国とアメリカ合衆国との特別な関係」を強調しました。チャーチルは「潜在的な危険の共同研究、武器と命令マニュアルの共通化、将校や候補生の交流」を例示し、「全世界の米英空海軍基地の共同利用」推進を力説しました。

アメリカの起源はイギリスの北米植民地です。米英両国は英語を共通言語とします。国民文学は近代国家の民族意識、結束感をつくり出すのに欠かせませんでした。その国民文学のかなりの部分を米英両国民は共有できます。

チャーチルの演説から「特別な関係」の構成要素を見ると、基盤は英語という言語文化、そしてリベラル・デモクラシー（自由民主主義）の価値を共有する政治文化です。目的は、ソ連をはじめとする共産主義陣営からリベラル・デモクラシー諸国を守るため、アメリカとの戦略的な防衛協力関係を強めることです。

世界の覇権国家だったイギリスの国際的地位は低下していました。チャーチルはトルーマンと米国民に米英の「特別な関係」を訴え、老大国イギリスの地位低下に歯止めをかけようとしたのです。弱い側が強い側に「特別な関係」を強調するのは自然です。

●反全体主義の自由主義者チャーチルとケネディ

ケネディ米大統領（民主党）はテキサス州ダラスで暗殺される前年の1962年末、フロリダ州の保養地パームビーチに、イスラエルのメイヤ外相（後に首相）を招きました。メイヤ外相は1898年、ウクライナの首都キーウ生まれ。1906年に家族と米ウィスコンシン州に移住し少女時代を過ごしました。1921年に夫と英委任統治下のパレスチナに移住し、シオニスト（ユダヤ民族主義者）主流派の中で頭角を現しました。

ケネディはメイヤに、「世界におけるイギリスとの関係に唯一匹敵する中東でのイスラエルとの特別な関係」を語りました。両国の「特別な関係」についての米大統領による初の公式発言です。ケネディは「イスラエルが侵略されたらアメリカは支援に駆けつける」と付け加えました。

ケネディは、共和党のアイゼンハワー大統領時代の武器禁輸の慣例を破ってイスラエルに地対空ミサイル・ホークの供与を決断し、アメリカがイスラエルの主要な兵器供給国になる道を開きました。ケネディはチャーチルを尊敬していました。「特別な関係」を口にしたケネディの頭にチャーチルの歴史的演説があったのは確実です。

チャーチルは1940年にイギリスの首相になりました。1938年のミュンヘン協定で、ドイツがチェコ北部ズデーテン地方を領有するのを容認したチェンバレン首相の辞任後です。ヒトラーに対し「どんな犠牲を払ってもこの島国を守る。決して降伏しない」と英国民を励ましながら徹底抗戦を指導しました。ウクライナのゼレンスキーがチャーチルを尊敬するゆえんです。

ケネディの父ジョセフは駐英大使でした。ハーバード大学生だったケネディは父のコネで第二次大戦前夜のベルリンを訪れ、駐ドイツ米大使などから風雲急を告げるヨーロッパ情勢を直接学び、卒業論文「ベルリンの宥和」を仕上げます。1938年、チャーチルの演説集『英国が眠っている間に』がアメリカで出版されると、父は息子の卒論をスピーチライターに推敲させ『英国はなぜ眠ったか』というタイトルで出版させました。ケネディは若くして文名を得て、後に大統領への階段を上る足がかりを得ました。

チャーチルもケネディも世俗的な人間でしたが、神の存在を信じる有神論者でした。チャーチルは87歳のとき、見舞いに訪れたイスラエルのベングリオン首相に、「ユダヤ教徒は宇宙に唯一神が存在することを理解した人々だ」と讃えました。

チャーチルは懇談中、旧約聖書「出エジプト記」に関する小論を遠い昔に書いたことを思い出します。預言者モーセが海をふたつに割り、ユダヤ人をエジプトの追手から逃れさせた奇蹟は実際に起きた出来事だ、と主張していました。チャーチルは聖地にユダヤ民族国家を樹立するユダヤ人のシオニズムを支持するキリスト教シオニストでした。

●軍事占領で安保条約に慎重になったイスラエル

アメリカは超大国です。同盟国イスラエルの盛衰、命運をアメリカが握っているように見えます。イスラエルはアメリカの51番目の州と呼ばれることもあります。両国は自他共に認める緊密な同盟国ですが、両国間に正式な安全保障条約はありません。

イスラエルは第三次中東戦争までアメリカとの安保条約締結を望んでいました。アメリカのほうが慎重でした。圧倒的な人口と石油資源を擁するアラブ・イスラム諸国とイスラエルの武力紛争に巻き込まれることを、懸念していました。中東でのアメリカの国益を損ねる戦略的「負債」を抱え込むのでは、と心配していました。

イスラエルが第三次中東戦争で大勝利を収めると、両国の方針が変化します。イスラエルは広大な地域を占領し、国防上のクッション「戦略的深奥性」を獲得しました。卓越した戦闘能力を世界に見せつけました。アメリカはイスラエルが戦略的「資産」になるのでは、と評価し始めます。イスラエルは、王族や独裁者が支配する国が大半の中東で、リベラル・デモクラシーの価値も共有します。米ソの国益が衝突する中東で、アメリカニズムの旗振り役をやってくれそうです。

一方、「国家存亡の危機」を乗り切り、思いがけず中東の軍事大国となったイスラエルには別の計算が働きました。対米安保条約のメリットより、占領地での軍の行動の自由をアメリカから制約されるデメリットのほうが気になり始めました。弱者から強者になると、考え方が急変することがあるのは、個人も国家も変わりません。第三次中東戦争のころ核兵器という究極の防衛手段を手にしたこともイスラエルの観方を変えたのでしょう。

●支援は民主党から共和党主導へ

1967年の第三次中東戦争はアメリカとイスラエルの関係を大きく変化させました。それまでアメリカのイスラエルへの「偏愛」は、リベラル派とされる民主党の主導でした。民主党のトルーマン大統領（在1945〜53）は、アラブ・イスラム諸国を重視する米国務省の強い反対を押し切り、イスラエルの独立宣言を承認する決断を下しました。

イスラエルの独立宣言をいち早く承認したトルーマン米大統領

共和党のアイゼンハワー（在1953〜61）大統領は中東での中立維持に腐心し、イスラエルからの度重なる武器供与の要請に応じませんでした。けれども民主党のケネディ（在1961〜63）、ジョンソン（在1

963〜69）両大統領はイスラエルに武器を供与し、友好・協力関係を深めていきました。

イスラエルの当時の政権与党に労組出身の社会民主主義者が多く、米民主党と政策や思想が似通っていたことが影響しています。少数派（マイノリティ）であるユダヤ系アメリカ人は、リベラルな民主党支持者が大半で、ユダヤ系富豪からの多額の政治献金も期待できました。

イスラエルは第三次中東戦争後、敵対するアラブ諸国のただ中で国家存続も不安視される弱者から、軍事占領者、強者に姿を変えました。米民主党のリベラル派は、占領やパレスチナ人への人権侵害を見過ごせなくなります。イスラエルの生存権、安全保障への支持は変わりませんが、占領者への支援の熱意は冷めていきました。

共和党はニクソン大統領（在1969〜74）のころ、バイブルベルトと呼ばれるキリスト教信仰が根強い米南部・中西部で民主党支持層を切り崩すことに成功します。同じころ保守的なキリスト教福音派が政治勢力としてアメリカ政治の前面に台頭してきます。アメリカの有権者の4人に1人、8000万人から1億人ともいわれる大勢力です。

福音派の大衆は、世界の終末、救世主イエス再臨、千年王国出現といったイスラエルを舞台とする聖書預言を信じる傾向があります。福音派は、イスラエルの国家消滅さえ案じられていた戦争で、古代ユダヤ教の神殿があった「神殿の丘」をイスラエルが支配したことを、イエス再臨の兆しと解釈しました。イスラエルの聖地占領は中東の政治地図を一変させただけでなく、アメリカ社会で二流視されていた福音派を勇気づけ、超大国の宗教地図・政治地図を大きく変える契機にもなりました。

●現実主義超える「特別な関係」5つの要因

二国間の同盟関係は国際政治の現実主義に基づいています。「敵の敵は味方」という格言に象徴されるリアリズムです。「特別な関係」とは、共通の国益やバランス・オブ・パワー（力の均衡）を基本としながらも、宗教や歴史、政治文化など通常の同盟関係と異なる次元を含む同盟関係です。

アメリカとイスラエルの「特別な関係」の基盤には、大衆レベルでの親イスラエル感情があります。政府当局者や大学、メディアなどの高学歴エリートより一般大衆のほうが親イスラエルという傾向は、世論調査でほぼ一貫しています。歴代米政権で中東和平交渉の実務責任者だったデニス・ロスは、アメリカの大衆はイスラエルに「本能的、直感的、条件反射的な愛着」を抱くと表現しました。アメリカのような民主主義国では、外交政策も世論、大衆の支持が不可欠です。

両国の「特別な関係」を支える主な要素は次の5つです。

①「**聖地、聖書の民への親近感**」　エルサレムはじめ聖書の舞台、ダビデ王やイエス・キリストなど聖書の登場人物に、教会の礼拝などで子供のころから慣れ親しんでいる。

②「**建国神話・物語の類似性**」　聖書に基づく両国の建国神話・物語の類似性。米独立宣言などを「聖典」とする「市民宗教」のリベラル・デモクラシーの価値共有。

③「**前千年王国終末論の黙示思想**」　ユダヤ教徒の聖地再集住がエルサレムへの救世主イエスの再臨や善と悪の最終戦争（ハルマゲドン）、千年王国（ミレニアム）出現の前兆や条件だと信じる保守的な福音派の黙示思想の影響を受けたキリスト教シオニズム。19世紀イギリス由来の「前千年王国」終末論のベストセラー、映画などの大衆的人気。

④「**イスラエル（ユダヤ）ロビー**」　米人口の2％前後にすぎないユダヤ系アメリカ人の影響力。イスラエルの外交政策実現を連邦議会やホワイトハウスに働きかけるイスラエル（ユダヤ）・ロビーの活動。

⑤「**反ユダヤ主義・ホロコーストの罪責感**」　戦前・戦中の反ユダヤ主義的な差別、ユダヤ難民・移民の受け入れ拒否、ホロコーストへの罪責感。

①の「聖地、聖書の民への親近感」は、キリスト教信仰が根強いアメリカで、多くの人々がイスラエルを支持する理由です。

②の「建国神話・物語の類似性」は、主に旧約聖書「出エジプト記」（エクソダス）に起源があります。キーワードは「預言者モーセ」「海割りの奇蹟」「約束の地」「十戒」「契約の箱」（神の箱）です。「約束の地」は専制からの自由を象徴し、リベラル派が好みます。米リベラル派の政治学者マイケル・ウォルツァーに『エクソダスと革命』（邦訳『出エジプトと解放の政治学』）があります。リベラル派オバマ大統領の回想録のタイトルはズバリ『約束の地』です。

③の「前千年王国終末論の黙示思想」は、トランプ支持の福音派大衆がイスラエルを支持する背景です。終末論や黙示思想は新約の福音書のイエスの言葉にもあります。黙示的終末論は、それなしではキリスト教信仰が成立しなかったといっても過言ではない、キリスト教にとって本質的な要素です。

④の「イスラエル（ユダヤ）ロビー」では「アメリカ・イスラエル広報委員会（ＡＩＰＡＣ）」が有名です。ロビーの政治的影響力は時に誇張される傾向があります。ユダヤ系アメリカ人は現在人口の２％を切っています。投票では親イスラエルのキリスト教徒の影

響力のほうがはるかに大きいでしょう。ユダヤ系大富豪の政治献金は重要です。
⑤の「反ユダヤ主義、ホロコースト軽視の罪悪感」は、リベラルな民主党支持者に目立ちましたが、共和党の福音派レーガン大統領も繰り返し言及しました。ホロコーストへの理解は、1960年代から80年代にかけ深まり広まりました。急進派、進歩派と呼ばれるリベラル左派は「イスラエルのホロコースト利用」を批判しています。

1章 ユダヤ教とキリスト教の不思議な関係

●旧約はユダヤ教聖書、新約はキリスト教だけ

アメリカは科学技術の最先進国ですが、とても宗教的な国です。1970年代初め、世論調査で10人中9人がキリスト教徒だと回答しました。無宗派の人の割合が徐々に増えていますが、世論調査機関ピュー・リサーチセンター2021年の発表では、アメリカ人の63%がキリスト教徒です。トランプ支持者が多いといわれるプロテスタントの福音派（ふくいんは）は24%でした。4人に1人、約8000万人です。

週に1回以上、教会などで宗教儀式に参加する人は全米で4人に1人。「月に1、2回」「年に数回」を合わせると47%、ほぼ2人に1人です。結婚式や葬式を除いた数字です。キリス

ト教徒に限ると週に1回以上36%、年に数回までいれると53%。福音派は週に1回以上教会にいく人が53%と半数を超え、年に数回まで合わせると77%、4人に3人以上となります。

アメリカ人の過半数が信じるキリスト教の聖書には「旧約」聖書と「新約」聖書がありま す。「約」は約束の約。神の約束という意味です。旧約は神との古い約束、新約は神との新しい約束です。「旧約」「新約」というのはキリスト教徒の側からの呼び方です。

旧約は、神の「選民」ユダヤ人だけを祝福した神の古い約束。新約は、神の子イエス・キリストの福音を信じる者は救われるとする神の新しい約束です。

旧約はユダヤ教徒の聖書です。紀元前の古代イスラエル人（ヘブライ人、ユダヤ人）の言葉ヘブライ語で書かれています。新約は紀元1世紀ごろの東地中海世界の共通語ギリシア語で書かれています。キリスト教徒にとっては新約だけでなく旧約も聖書です。新約はキリスト教徒だけの聖書で、ユダヤ教徒の聖書ではありません。

聖書を初めて手に取る方は、まずその分厚さに驚かれるでしょう。『聖書　日本聖書協会共同訳　旧約聖書続編付き』（2018年）は二段組みの本文だけで2353頁あります。旧約が1478頁、旧約続編が408頁、新約が467頁。米福音派の文字通りバイブルである『スコフィールド聖書』はA5版の大きな本で横二段組み、計1610頁です。

頁数を比べると、旧約は新約の3倍以上あります。キリスト教を山に例えると、裾野から中腹まではユダヤ教聖書の旧約で、その上にキリスト教徒だけの新約聖書が乗っている感じです。世界宗教であるキリスト教が、ユダヤ人の民族宗教であるユダヤ教の上に成立していることを示しています。

●唯一絶対神ヤハウェ、人間は神の似姿

ユダヤ教は一神教です。宇宙を創造した全知全能の唯一絶対神「ヤハウェ」(YHWH)を信仰します。一神教は多神教に対立する概念です。読んで字のごとく、唯一の神を信仰するのが一神教、複数、多数の神を信仰するのが多神教です。

神を宇宙や世界と同一視する宗教観を汎神論（はんしんろん）と呼びます。世界や自然のあらゆるものに神が宿る、という感覚は、日本人になじみやすい宗教観です。けれども一神教は汎神論とは違います。汎神論では神は宇宙の中に存在しますが、一神教の神は、宇宙や世界の外部にあって、外から宇宙を創造します。現代の宇宙論に関連し、広大無辺な宇宙も実は、超高度な知的生命の実験室でつくられた数多い宇宙の試作品のひとつかもしれない、といったお話があります。宇宙を外から創造する絶対神はそんな感じかもしれません。

ヤハウェは、イスラエル南部ネゲブ砂漠の雷神だったとの説があります。古代の人々は恐ろしい雷鳴を伴って夜空を貫く稲妻に超自然的なパワーを感じたことでしょう。ヤハウェは神々の中から出世するにつれ、戦勝をもたらす戦争神の性格を強めていきました。聖書には「万軍の主」という言葉がよく出てきます。

旧約の「創世記」では、人間は神によって「神の似姿（にすがた）」につくられたとされています。神は全知全能の絶対者ですが、人間に似た姿形も持っているようです。天上には神の玉座（ぎょくざ）があります。神は「預言者」を選び、法や道徳や警告や預言を人間に与えます。怒りや哀れみの感情も持ち、苦難にあえぐ人々の叫びを聞きとめて、救いの手を差し伸べます。

古代オリエントの宗教では、人間は基本的に王、自由人、奴隷の3通りでした。神に似た存在は王のみ。聖書では普通の人間も神の似姿、したがって王とも似た存在とされます。個人の尊厳や人間の権利といった法思想の、宗教的な源泉といえるでしょう。

聖書は、神が啓示した言葉を記したとされる聖典です。啓示とは、神が究極の真理を、預言者などを通じて人間に明らかにすることです。啓示による聖典を持つ宗教を啓示宗教と呼びます。ユダヤ教、キリスト教、イスラム教は啓示宗教です。キリスト教徒が旧約と呼ぶユダヤ教聖書は、古代イスラエルでは「律法と預言者」と呼ばれていました。

旧約の冒頭は「創世記」。神による6日間の天地創造から始まります。「神は言われた。『光あれ。』すると光があった」

138億年前の宇宙の誕生ビッグバンを連想するという人もいます。続いてメソポタミアの大河のほとりエデンの園、最初の男女アダムとエバ、蛇の誘惑、楽園追放など日本人にもなじみのある物語が続きます。楽園追放による労働と死の宿命、カインによる弟アベル殺害、悪に傾く人類を滅ぼす大洪水とノアの箱舟、バベルの塔崩壊による多言語世界の出現……。天地創造から起算するユダヤ暦では西暦2024年は5784年です。

アメリカとイスラエルの「特別な関係」「聖書の同盟」をテーマとする本書に特に関係が深いのは「創世記」「出エジプト記」「エゼキエル書」「ダニエル書」です。

●「創世記」のアブラハム契約

「創世記」には神が族長アブラハムに「約束の地」を与えた「アブラハム契約」が書かれています。本書の巻頭の「聖句」に挙げた最初のふたつが代表的です。福音派の人々に世論調査で「なぜイスラエルを支持するのですか?」と尋ねると、「アブラハム契約」をまず挙げる人が多数派です。

福音派は「あなたを祝福する人を私は祝福し」を、ユダヤ人（イスラエル）を祝福するから神はアメリカを祝福する、と読みます。アメリカが超大国で繁栄しているのは神が祝福してくれるから。それは、アメリカがイスラエルを祝福し支援しているから、と考えます。「あなたを呪う人を私は呪う」は、アメリカがイスラエルを支援しなくなれば、アメリカは神に呪われ、神罰を受ける、と解されます。

ふたつ目の聖句「エジプトの川からあの大河ユーフラテスに至るまでの」は、エジプトやヨルダン、イラクも含んでいます。イスラエルのユダヤ教右派や、それを支援する保守的な米福音派は、パレスチナ人が住む占領地ヨルダン川西岸やガザ地区を「神がユダヤ人に与えた土地」とみなし、西岸でのユダヤ人の入植地拡大を正当化します。

「アメリカはなぜユダヤ国家を支援するのか」という問いへの回答のひとつは、アメリカに約８０００万人以上いるとされる福音派の人々が「創世記」のアブラハム契約に基づき、エルサレムや西岸へのイスラエル支配を支援することが神の正義だと感じているから、ということになります。

福音派の中には民主党の支持者やリベラル派もいますが、多くは共和党の支持者でトランプ前大統領を支持しています。福音派は「家族の価値」を大切にし、性的な規範の乱れに批判的ですが、トランプの長年の女性遍歴、性的不品行については、その親イスラエル政策や、人工妊娠中絶の連邦レベルでの合法化に反対する最高裁判事の指名などに免じて目をつぶる傾向があります。福音派にとっては胎児も神が授けた命です。福音派には重度の障害者を養子にして育てる人たちがいます。

福音派にとって「神の法」である「アブラハム契約」は、国際法より上位にある至高の法です。「入植地の建設で占領地の現状を変更するのはジュネーブ条約違反だ」と批判しても響きません。パレスチナ人にとっては、住み慣れた家屋や土地＝不動産を、ユダヤ教の「神の法」を持ち出して奪われる、理不尽極まりない話になります。

族長アブラハムはアラビア語でイブラーヒームと呼ばれ、イスラム教徒にも敬われています。正妻サラの子イサク、孫ヤコブ（別名イスラエル）からユダヤ人が生じ、サラのエジプト人女奴隷ハガルに産ませたイシュマエルからアラブ人が生じた、とされています。アブラハムはユダヤ人とアラブ人双方の父祖です。エルサレムの公園で「アブラハムの子供たちのために」というプレートを見ました。ユダヤ人だけではなくアラブ人の子供たちのためにも、という意味です。イスラエルの人口の約2割はパレスチナ・アラブ人。プレートの言葉はアラブ人との共存の希望も表しています。

アブラハムと妻サラは飢饉を逃れるため、一時エジプトにいきます。アブラハムはサラに、あなたは美しいからエジプト人はあなたを奪うため夫の私を殺す、妹だと偽ってほしい、と頼みます。サラはエジプトの高官に褒めそやされファラオの宮廷に召し入れられ「兄」と偽ったアブラハムも手厚くもてなされます。

族長アブラハムも、臆病でずるがしこい男と取れる人物に描かれています。聖書の登場人物の多くは人間的な弱さを持っています。聖書は21世紀でも毎年約8000万部も印刷されるといわれる圧倒的なベストセラー。その理由のひとつはストーリーの面白さ、文学としての質の高さにあります。聖書は世界文学です。

アブラハム契約はいつごろのことなのでしょうか？　かつては聖書の記述から「前2100年」「前2000年」などとされていました。でもアブラハムの存在自体を含め聖書のほかに何の資料も見つかっていません。専門家は「聖書外資料」はない、といいます。文書でも考古学的調査でも実証できず、確かなことはわからない、という意味です。

●専制からの自由を象徴する「出エジプト記」

「創世記」ではアブラハムの子孫がエジプトで約400年の間に増え、「イスラエルの民」

となります。続く「出エジプト記」は、預言者モーセが神ヤハウェに導かれ、古代エジプトのファラオ（王）の下で奴隷だったイスラエルの民を「約束の地」「乳と蜜の流れる地」カナン地方に向けて脱出（エクソダス）させる物語です。

カナン地方とは、東地中海沿岸の南レヴァント、現在のイスラエルとパレスチナ（占領地ヨルダン川西岸、ガザ地区）を中心とする地域です。ローマ時代のギリシア語の呼称パレスチナが第一次大戦後に復活しました。

モーセが海を真っ二つに割って同胞の大集団をファラオの追手から救い出す「出エジプト記」は解放と自由の物語。ユダヤ教という民族宗教の中核です。ユダヤ教の中にキリスト教のイエス、イスラム教のムハンマドのような代表的人物を求めるならモーセです。イスラム教徒にも「ムーサー」の名で聖典『クルアーン』に使徒、預言者として136回言及されているそうです。

ヤハウェは神の山ホレブ（シナイ山）でモーセの前に顕現（けんげん）します。私は「あなたの先祖の神」「私はいる、という者」であると述べ、モーセに「乳と蜜の流れる地」カナンへ同胞を導く使命を授けます。巻頭の聖句「出エジプト記」3章を参照してください。「私はいる、という者」のヘブライ語は、「エヒイェ　アシェル　エヒイェ」。私は有るところの者で有る、という奇妙な文です。

神に召命されたモーセは海の奇蹟で「奴隷の家」エジプトを脱出した後、シナイ山でユダヤ教の根本の教えとなる「十戒」を神から授けられます。唯一神信仰、偶像崇拝の禁止、安息日、父母への敬愛、殺人・姦淫・窃盗・偽証の禁止、隣人財産への禁欲などです。

「十戒」を刻んだ石板を入れた「契約の箱」は、後にエルサレム神殿の「至聖所」に安置され、やがて失われました。

「出エジプト記」は古代のイスラエル人や、現代イスラエルを建国したシオニストだけでなく、北米植民地、独立革命期のアメリカ人の政治的想像力も刺激しました。

出エジプトがいつ、どのように起きたのかという史実性の探求は多くの人々を魅了してきました。確かなことは今もよくわかりません。かつては紀元前15世紀または前13世紀ごろの出来事と考える人が多かったのですが、聖書外資料は見つかっていません。

●「ヘブライ」「イスラエル」「ユダヤ」

「出エジプト記」には「ヘブライ」「イスラエル」の呼び名が混在しています。現代の「ユダヤ」国家「イスラエル」の国語は「ヘブライ」語です。紛らわしいですね。手元にある

「世界史B」の教科書や参考書は、「遊牧民であったヘブライ人は」とか「セム語系のヘブライ人は」で書き始めています。ヘブライ人は他民族からの呼び名で、蔑(さげす)みの響きがあり、自らは「イスラエル」と呼びました。

「イスラエル」は、前13世紀末のエジプトのファラオ、メルエンプタハの戦勝石碑に、カナンで征服された集団の名前として記されているのが最古とされています。聖書で出エジプトの約40年後、カナンに侵攻したとされる部族連合は通常「イスラエル12部族」と呼ばれています。イスラエルは、族長アブラハムの孫ヤコブが神から授かった名前です。語尾の「エル」は神を意味します。

「ユダヤ」は前6世紀の「バビロニア捕囚(ほしゅう)」(バビロン捕囚)のころから主に使われます。おおざっぱにいうと、古い順にヘブライ人、古代イスラエル人、ユダヤ人(ユダヤ教徒)、現代イスラエル人となりますが、すべての時代についてイスラエル人やユダヤ人と呼ぶことのほうが通例です。

●ダビデ、ソロモンの王国、バビロニア捕囚

イスラエルの12部族は前11世紀末に初代の王サウルを立て王国を樹立しました。部族連

合が王国に移行したのは外敵との戦争で統率者が必要とされたからでしょう。サウル王はエーゲ海方面から侵入した謎の「海の民」の一派とみられるペリシテ人との戦闘で敗れ、剣の上に自ら身を投げ非業の死をとげます。

二代目の王ダビデは、新約聖書でイエス・キリストの生地とされるベツレヘムのユダ族出身です。ダビデは先住民エブス人の町エルサレムを攻略し、モーセの十戒を収めた「契約の箱」をエルサレムの天幕に移動しました。

ダビデの子ソロモン王は前10世紀半ば、神殿と宮殿を造営し「イスラエル統一王国」と称される広大な領域を支配し栄華を極めた、とされています。ソロモンは神殿の至聖所に「契約の箱」を安置しました。「神の箱」「ヤハウェの箱」「聖櫃」などとも呼ばれ、神の臨在（存在）を示すとして畏怖されました。「契約の箱」は、神殿がバビロニアに破壊される前6世紀前半までに行方がわからなくなりました。

神の超自然的なパワーの象徴「契約の箱」（アーク・オブ・コブナント）の行方は、想像力をかき立てます。ハリソン・フォード主演の１９８１年ハリウッド冒険映画「レイダース／失われたアーク《聖櫃》」は「契約の箱」の伝承を翻案したものです。

ダビデとソロモンは旧約聖書でモーセに次いで敬愛される英雄ですが、古代エジプトやメソポタミアの文書に出てきません。エルサレム旧市街の南側に「ダビデの町」と呼ばれる遺跡があり発掘調査がおこなわれてきましたが、ダビデやソロモンの実在を証明する発見はありません。ヤハウェを守護神とし、エルサレムに拠点を置くダビデ、ソロモンと呼ばれる支配者がいた可能性は、高いとみられています。けれども支配地域は小さく、古代オリエントの国際政治の中では取るに足りない地方政権に過ぎなかったのでは、との有力な異説を、イスラエルの考古学者が唱えています。

ダビデとソロモンの王国が「統一王国」と呼ばれたのは、ソロモン王の死後まもない前９３０年ごろ、王国が「北王国」と「南王国」に分裂するからです。12部族のうち10部族が反乱を起こし樹立したのが「北王国イスラエル」。現在のイスラエルやヨルダン川西岸の北部を統治しました。残る２部族、ユダ族とベンヤミン族が引き続きエルサレムを都に「南王国ユダ」を統治しました。

北王国の方が南王国よりずっと強大でしたが、前７２２年ごろアッシリアに滅ぼされました。北王国の人々の行方は不明です。「失われた十部族」としてロマンをかき立ててきました。現在の西岸の山地に住むサマリア人説は有力です。アフガニスタンのパシュトゥン人、アメリカ先住民、マオリ族、そして日本人も、失われた十部族の末裔（まつえい）だと主張する人がいます。

南王国は北王国から逃れてきた人々の流入で一時、国力が増しました。南王国のヨシヤ王（前639～前609）はヤハウェ信仰を純化する宗教改革を断行しました。偶像崇拝など異教的な祭儀の排除、地方聖所の廃止によるエルサレム神殿への祭儀集中などです。

ヨシヤ王はアッシリアの弱体化に乗じ、旧北王国領の併合を目指しましたが、イスラエル北部の海岸平野にある古戦場メギドで、エジプト王ネコ2世に殺されました。メギドは聖書預言の終末論で、世界最終戦争「ハルマゲドン」が戦われる舞台です。

前597年ごろ、新バビロニアが南王国の首都エルサレムを攻略し、有力者や職人を連れ去ります（第一次バビロニア捕囚）。前587／6年、エルサレム神殿も破壊され、王や貴族、聖職者ら支配層が連れ去られました（第二次バビロニア捕囚）。北王国や南王国の存在や滅亡、バビロニア捕囚は、聖書外史料でも確認できます。

●帰還と神殿再建

イスラエルとユダという南北両王国の消滅、エルサレム神殿の破壊は、ヤハウェを民族神とするユダヤ人にとって破局的な悲劇でした。聖句の「詩編」137は、エルサレムへの熱い望郷の思いで有名です。受難の歴史の中で、民族の悲劇の原因は、異教徒の風習に染まり神ヤハウェに背いたことへの神罰だ、と説く預言者が相次いで現れました。ヤハウェ唯一神信仰に立ち返れば救済され、故郷帰還も実現する、と希望を語りました。罪からの「救済」「救い」は、ユダヤ教とキリスト教を貫くキーワードです。

エゼキエルは第一次バビロニア捕囚で連行された預言者です。「エゼキエル書」は王国の苦難の原因を、異教の偶像崇拝に耽(ふけ)った神ヤハウェへの不信仰、不実だと見ました。同書16章でエゼキエルは、ヤハウェは捨てられた女児（弱小なイスラエルの民やエルサレム）を保護し「一人前の女」になってからは金銀で飾り立て諸国に名声のとどろく美女にしてくれた、と神の愛を強調したうえで、それなのに「すべての人に足を広げ、淫(みだ)らな行いを重ね」、「恥知らずな遊女」「他国の男たちと通じる姦淫(かんいん)の妻」に堕落した、とエロティックな表現を交えイスラエルの民を断罪しました。

「エゼキエル書」には、故郷帰還の預言、死者が骨から復活する描写や神殿の幻の平面図などが精緻(せいち)な文体で綴(つづ)られています。「ダニエル書」など前2世紀以降のユダヤ教の黙示文学・思想やキリスト教の終末論に大きな影響を与えました。黙示とは、宇宙や歴史の秘密、奥義、ミステリーが解き明かされる、という意味です。

新バビロニアも捕囚の約半世紀後にアケメネス朝ペルシャのキュロス王（2世）に滅ぼされます。キュロス王は広大な支配地域の諸民族に寛大な政策を取りました。王は前538年、ユダヤ人のエルサレム帰還と神殿の再建を許可します。前515年、エルサレム神殿が再建されました。ソロモンの神殿（第一神殿）に対し「第二神殿」と呼ばれます。

バビロニア捕囚からエルサレムへの帰還は第二の「出エジプト」でした。ペルシャ帝国の政治的支配を受け入れ、ユダヤ人は民族宗教の信仰と一定の自治を許されました。預言者イザヤはキュロス王を救世主（メシア）と讃えました。

●ペルシャ保護下で「律法」編集、古代ユダヤ教の誕生

ユダヤ人の中にはペルシャ帝国で重用される者もいました。前445年、ペルシャ王の側近ネヘミヤがユダヤ総督（長官）に任命されます。ネヘミヤはヤハウェ信仰を中心にユダヤ民族の共同体を再編します。エルサレムの城壁再建、安息日や食事規定、割礼（かつれい）を始めとするユダヤ教の戒律順守、異教徒との結婚禁止などでした。

安息日（シャバト）、食事規定（カシュルート）、割礼は、現代のユダヤ教でも重要な戒律です。安息日は、金曜日の日没から土曜日の日没まで。休んでもよい日ではなく、休ま

なければならない日です。異教徒と農耕や軍務など共同作業をする妨げになります。
食事規定では、血抜きしていない肉、ラクダ、豚、甲殻類（こうかくるい）、イカ、タコ、鷲（わし）、カラス、フクロウ、コウモリ、カモメなどを食用することは禁止されています。肉の血抜きは一仕事です。食事規定も異教徒との飲食歓談の妨げになります。生後8日目に男児に施すユダヤ教の割礼はアッシリアやバビロニアにはない風習でした。ユダヤ教徒を身体的に異教徒、異民族から区別します。

異教徒との結婚禁止はもとより、安息日、食事規定、割礼などユダヤ教の戒律の社会的機能を見ると、ユダヤ民族が異教徒の多神教世界に同化して消えていくのを防ぐのが目的です。国と神殿が失われ、捕囚民や離散民（ディアスポラ）となったユダヤ人の民族・宗教共同体を維持し、ユダヤ民族の自己同一性（アイデンティティ）を守る制度的な工夫でした。ユダヤ教は、国家や首都、母語すら失い世界各地に散り散りになっても、ユダヤ人が民族のアイデンティティを守り抜く装置なのです。

ネヘミヤのほか祭司エズラが前5世紀後半にペルシャから派遣され「律法」と呼ばれるモーセ五書を整備しました。エズラが旧約聖書の編集作業を主導したとみられています。「律法」編集の目的は、ペルシャ帝国内でのユダヤ人自治の基準となる法規範を帝国に提出し承認を受けるためだった、との説もあります。古代ユダヤ教が誕生しました。

●古代の国際政治を反映した旧約聖書

ユダヤ人の歴史で確かなのは前9世紀以降、エルサレムを中心に、伝説的なダビデ王家の血統を主張する王が支配する南王国ユダが存在し、その北方に強大な北王国イスラエルがあったことです。両王国ともヤハウェを信仰する宗教的部族連合でした。

北王国は前8世紀後半、アッシリアに滅ぼされ、南王国も前6世紀前半、新バビロニアに滅ぼされます。バビロニア捕囚の半世紀後、ペルシャ帝国がユダヤ人の聖地帰還と神殿再建を許し、ペルシャの庇護(ひご)の下、旧約聖書の中心「律法」が編集されました。聖書は当然ながら基本的に親ペルシャで、反アッシリア、反バビロニアです。

聖書や宗教思想も、古代オリエントの国際政治、超大国のパワーポリティクスに翻弄(ほんろう)されながら生成していったことがわかります。預言書を読むと、現代なら同盟政策批判に当たる内容が出てきます。同盟の相手を間違えると国家が滅亡します。

旧約はダビデとソロモンの統一王国の栄華を強調します。ユダヤ人の政治的な救い主(メシア、王)はダビデ王家の血統から出る、と強調します。これは聖書の編集に、エルサレムを首都とした南王国の王ヨシヤの宗教改革が影響したことを示唆しています。ヨシヤ王は北王国の滅亡、続くアッシリアの衰退に乗じて、旧北王国領を併合し「統一王国」の版(はん)図(と)を回復しようとしました。ダビデ王家への敬愛、「神の家」エルサレムを中心とする統一王国の繁栄の強調は、ヨシヤの政治的野心を正当化する内容です。

聖書考古学によると、ダビデ、ソロモン時代のエルサレムは村落レベルの人口規模しかなかったと見られています。「創世記」や「出エジプト記」の地名や状況がヨシヤ王の治世やそれに先立つ前8〜前7世紀ごろのものと似通っているとの指摘もあります。

聖書の宗教思想には超大国の文化も影響しました。バビロニアでは捕囚期、天文学や占星術が盛んでした。後代に影響を与えた「エゼキエル書」の天上の神殿の宇宙論的イメージや「創世記」の天地創造などに影響が認められます。

●対ヘレニズム戦争、殉教で「死から復活」

古代ユダヤ教を誕生させた「ペルシャの平和」は前4世紀後半、マケドニア（ギリシア）の若き大王アレクサンドロスの登場で崩壊しました。大王はギリシア、エジプト、ペルシャ、中央アジアのソグディアナやインダス川流域にまで及ぶ大帝国を築きました。

アレクサンドロスは恐ろしい軍指揮官、気まぐれな独裁者でしたが、自軍のマケドニア将兵とペルシャ女性の結婚を奨励(しょうれい)するなどギリシアとオリエントの文化の融合にも努めました。ギリシア文化を基調とする多神教の「ヘレニズム世界」です。コスモポリタニズム(世界市民主義)の起源と見る人もいます。ユダヤ人の歴史は以後、民族神ヤハウェを中心とするユダヤ教の「ヘブライズム」が、アレクサンドロス以降ローマにまで至る多神教帝国の「ヘレニズム」と対立する歴史です。

ユダヤ人内部でも激しい対立が起きました。聖書のヘブライズムを守るため、死を賭(と)して戦おうと叫ぶユダヤ民族主義と、優勢なヘレニズム文化を受け入れて安全、快適な生活を守ろうと説くユダヤ人エリートの対立です。

民族主義や愛国主義と、超大国主導の秩序を尊重する国際主義の対立は、戦後日本の反米、親米も含め、世界の至る所で見られます。

アレクサンドロスはエジプト遠征に南下する際、城壁に立てこもって抵抗したガザを2か月間包囲して陥落させ徹底的に破壊しました。旧約の「ゼカリヤ書」に「ガザは大いにもだえ」「ガザの王は滅び」との記述があります。

大王は32歳の若さで熱病のためバビロンで死亡しました。毒殺説もあります。部下の将軍たちが争って大帝国は分裂し、ユダヤはプトレマイオス朝エジプトとセレウコス朝シリアの争いの場になりました。最初の1世紀はエジプトが優勢でしたが、前198年からシリアが支配します。ユダヤの指導者はエルサレム神殿の大祭司で、ユダヤは「律法」に基づく教団国家でした。上級祭司や貴族など支配層はヘレニズム化が進んでいました。

シリア王アンティオコス4世（在前175～前164）はユダヤの支配層の一部と結んで、「律法」を無効化し強引なヘレニズム化政策、宗教弾圧を断行します。エルサレム神殿の財宝を略奪し、神殿内に異教のゼウス像を設置して祭儀を強要しました。ユダヤ教の安息日や割礼を禁止し、食事規定で禁止されている豚肉を食べることを強要しました。従わない者は処刑されました。

地方祭司ハスモン家が前167年、神殿の冒瀆（ぼうとく）や支配層の「裏切り」に憤り、大反乱を起こしました。「マカバイ戦争」の勃発です。反乱軍は前164年、神殿を奪還しました。前年の前165年ごろに成立したとされる「ダニエル書」は、旧約聖書の中で初めて「死者の復活」への希望が現れたことで有名です。

「地の塵（ちり）となって眠る人の中から　多くの者が目覚める。ある者は永遠の命へと／またある者はそしりと永遠のとがめへと。（中略）ダニエルよ、あなたは終わりの時までこの言

葉を秘密にし、その書物を封印せよ。多くの人は探求して知識を増やす。」（12章）

異教の王朝と戦って殉教したユダヤ教徒は、死からよみがえって永遠の命を得るのです。弾圧や拷問に屈せず、棄教しなかった殉教者は、世界の終わりに死から復活し、至福の中で永遠に生きる、という思想です。「ダニエル書」によってユダヤ教の黙示思想が本格的に成立しました。

「ダニエル書」には、7章「四頭の獣の幻」、8章「雄羊と雄山羊の幻」、9章「七十週の預言」、10章「終わりの日の幻」など謎めいた暗号のような詩的言語が詰まっています。黙示文学や終末論は、迫害され殉教して死んでいく信者たちを慰め励まします。

●イエスの十字架刑と復活の福音

前141年、シリアの勢力を完全に駆逐しハスモン王朝が成立しました。南王国ユダ滅亡後、約450年ぶりのユダヤ人独立国家です。前63年、ローマの将軍ポンペイウスがエルサレムを占領し、ユダヤは事実上、ローマの支配下に入ります。

ローマの有力者に巧みに取り入ってユダヤの支配者となったヘロデ大王（在前37〜前4）はエルサレムの第二神殿を拡張して壮麗な神殿につくり変える大プロジェクトに着手しま

す。新約聖書の悪役として登場するヘロデは猜疑心の塊で、家族、親族を次々に殺害しました。一方、ヘロデは地中海岸のローマ風の港カイザリア、エルサレム南方の墓所とみられるヘロディオン、死海沿岸のマサダ砦などを造営した建築の天才でした。

イエスはヘロデの治世末期の前7〜前4年ごろ、ローマ支配下のイスラエル北部ガリラヤ地方の山村ナザレで、ユダヤ教徒として誕生したとみられます。信仰の対象としてだけではない、実在した「史的イエス」の存在は、証明されていません。けれども新約聖書のテキスト分析などから、生前のイエスの言行録（Q資料）の存在が確実視されています。本書はイエスが歴史上実在した人物だという前提で叙述します。

イエスの青年期の職業は大工（石工）でした。イエスの生涯を記した4福音書のうち最古とされる新約の「マルコによる福音書」によると、イエスは後30年ごろ、ガリラヤ湖畔で宣教を始めます。ペトロをはじめとする漁師12人を弟子（使徒）とし、湖畔のシナゴーグ（ユダヤ教礼拝所、教会堂）や村々で病人や障害者を治癒する奇跡を起こします。イエスは徴税人や娼婦ら社会的に蔑まれていた人々にも接しました。

ユダヤ教の春の「過ぎ越し祭」の時期に、イエスは弟子たちや母マリア、女たちを伴ってエルサレムに向かいます。エルサレムにはローマ帝国の属州ユダヤの自治機関、最高法院（サンヘドリン）がありました。神殿の大祭司をはじめ貴族が支配層です。民衆はローマや神殿から重税を課されていました。動物の血や皮革、海や荒れ野、外国人など「不浄」なものと接触して生活する人々は、病人や障害者と共に差別されていました。

イエスは神殿の支配層を公然と批判しました。この世の終末と神の国の到来が近いと説き、民衆の支持を集めました。祭司らから危険人物として命を狙われました。イエスと弟子たちは「最後の晩餐（ばんさん）」の後、オリーブ山のふもとゲッセマネの園に向かいます。深夜、イエスは弟子ユダの「死の接吻（せっぷん）」を合図に、大祭司の部下に捕縛（ほばく）されました。

ヨルダン川西岸のパレスチナ自治区ベツレヘムにある世界遺産「聖誕教会」の内部。福音書では、イエス・キリストは山村ナザレではなくダビデ王の出身地で生まれたことになっている（撮影・筆者）

ペトロら弟子たちは、イエスと共に死ぬ覚悟があるといっていましたが、みなイエスを見捨てて逃げてしまいました。弟子たちのこの裏切りのドラマの生々しさは衝撃的で、吉本隆明、柄谷行人といった日本の代表的な文芸評論家が渾身の評論を残しています。

ユダヤ教の祭司らはローマのユダヤ総督ピラトにイエスの処刑を要求しました。イエスは「ユダヤ人の王」を僭称した罪で十字架を背負わされ、民衆に嘲られ罵られながらゴルゴタまで引き回され、当時の最も残虐な処刑法、磔の刑にふたりの強盗と一緒に処せられました。イエスは午前9時ごろ十字架に付けられ、午後3時ごろ「わが神、わが神、なぜ私をお見捨てになったのですか」と大声で叫んで息を引き取った、とされています。

遺体は亜麻布に包まれ、岩を掘った墓に納められ、入口に石が置かれました。安息日が終わった早朝、母マリア、マグダラのマリアらが墓に行くと入口の石はなく、遺体もありませんでした。死から復活したイエスがほどなくマグダラのマリアの前に現れます。イエスは弟子たちの前にも現れ「福音を宣べ伝えなさい」と命じた後、天に上げられ神の右に座った、というのが福音書の伝える物語です。

●終末論、黙示思想はキリスト教の核心

イエスの「福音」とは何でしょうか？　ギリシア語エウアンゲリオンが語源とされます。「良い知らせ」という意味です。人間の罪を負って十字架で死んだイエスが死から復活し

十二使徒の前に現れたこと（「コリントの使徒への手紙　一」15章）が良い知らせです。イエスの死からの復活を信じることがキリスト教信仰の核心です。

「マルコによる福音書」冒頭のイエスの言葉は「時は満ち、神の国は近づいた。悔い改めて、福音を信じなさい」です。「時は満ち」とは、世界にまもなく終末が訪れ、神の国が出現する、という意味です。黙示思想の終末待望が切迫感をもって伝わってきます。ドイツの神学者ケーゼルマンは、黙示思想は「すべてのキリスト教神学の母」と述べました。

新約聖書の末尾を飾る「ヨハネの黙示録」は、キリスト教徒を迫害したローマ帝国第7代皇帝ドミティアヌスの治世（紀元81～96）のころ、エーゲ海のパトモス島に住むヨハネが書いたと推定されています。20章から最終の22章まで「千年間の支配」「サタンの敗北」「最後の裁き」「新しい天と新しい地」「新しいエルサレム」「キリストの再臨」について劇的な描写が並びます。

聖書預言で善と悪の世界最終戦争を意味するハルマゲドンは「ヨハネの黙示録」の「汚(けが)れた三つの霊は、ヘブライ語で『ハルマゲドン』と呼ばれる所に王たちを集めた」（16章）からです。聖書の中でハルマゲドンという言葉が現れるのはここだけです。

旧約の黙示文学の代表が「ダニエル書」で、新約のそれが「ヨハネの黙示録」です。万有引力の法則を発見した17世紀イギリスの物理学者ニュートンは主著『自然哲学の数学的諸原理』に加え『ダニエル書とヨハネの黙示録の預言に関する考察』にも心血を注ぎました。西洋思想における黙示思想や終末論の影響力の大きさを示すエピソードです。

●対ローマ敗戦で故国喪失、民族離散

福音書の記述から、ユダヤ人は「神の選民」でありながら「神の子」イエスを受け入れることを拒んで殺した、とキリスト教徒に非難されました。ユダヤ教徒のその後の苦難は「神罰」と正当化されました。

紀元66年、ユダヤ教の戦闘的な民族主義者とローマ軍が本格的に衝突しました。ユダヤ側はこのユダヤ戦争で敗北し、70年にエルサレムのユダヤ教神殿（第二神殿、ヘロデの神殿）が灰燼（かいじん）に帰しました。2度目の神殿崩壊です。73年、死海沿岸のマサダ砦に立てこもった女性や子供を含む960人が降伏を嫌い、集団自決しました。ユダヤ民族は当時の超大国ローマに故国を滅ぼされ、地中海世界やオリエントの各地に散り散りになりました。

エルサレムでユダヤ教から原始キリスト教会が分かれ、ギリシア語を話す使徒パウロらがローマ帝国領内に布教しました。ユダヤ教からのキリスト教の分離は、世界史の大事件

です。パウロは初期キリスト教神学とキリスト教会の事実上の確立者です。ペトロがローマ・カトリック教会の初代教皇とされました。ユダヤ教起源のカルト宗教だったキリスト教はローマ帝国の中で勢力を増し３１３年、コンスタンティヌス帝のミラノ勅令（ちょくれい）で帝国の公認宗教になりました。３９２年にはテオドシウス帝がローマの国教としました。

ユダヤ教徒は西洋キリスト教社会で「イエス・キリストを殺した異教徒」として長く差別や迫害を受けるようになりました。十字架の「神殺し」を責められ、キリスト教に改宗しない頑迷（がんめい）で高慢な異教徒と断じられて迫害されました。

2章　いくつものシオニズム、ホロコースト軽視

●花の都パリの冤罪ドレフュス事件

現代のイスラエルは1948年、アラブ人が住む中東の地中海岸パレスチナで、「シオニスト」と呼ばれるユダヤ民族主義者が独立を宣言して誕生しました。

7世紀前半、イスラム教第2代正統カリフのウマルがエルサレムを支配下に置きました。以後、ローマ教皇が聖地奪回を目指して派遣した十字軍のエルサレム王国（1099〜1291）を除いてイスラム教徒の諸王朝が支配してきました。オスマン帝国のスレイマン1世（壮麗王、在1520〜66）がエルサレムの城壁再建を命じ、現在に至る聖地の景観がほぼ整いました。オスマン帝国は第一次世界大戦でドイツと同盟して敗戦国となり60

0年余の歴史を閉じました。イギリスが国際連盟のパレスチナ委任統治を始めました。

シオニズムの語源である「シオン」とはエルサレムの丘の名前です。シオニズムはエルサレムを中心とする聖地パレスチナへのユダヤ人の帰郷、建国運動です。同運動の父とされるテオドール・ヘルツルはオーストリア紙のパリ特派員としてドレフュス事件を取材しました。フランスで19世紀末に起きた反ユダヤ主義の冤罪事件です。

事件の名前はユダヤ人のドレフュス大尉から。大尉はナポレオンが創設した超エリート校エコール・ポリテクニック（理工科学校）の卒業生で、フランス社会への順応に成功したエリートでした。そのドレフュスが敵国ドイツのスパイの濡れ衣を着せられたのです。19世紀末のフランス社会を揺るがす大事件でした。小説家エミール・ゾラの『私は告発する』でも有名になりました。

ヘルツルは、ユダヤ人に対するフランス人の偏見の根深さ、憎しみの激しさに衝撃を受けます。フランス革命は「自由、平等、博愛」を掲げ、ユダヤ教徒の解放を宣言しました。パリは芸術と文化、科学と理性の中心。誰もが憧れる花の都でした。そのパリの街頭で、人々がユダヤ人将校を断罪し「ユダヤ人に死を！」と叫んでいるのです。

フランス革命で世俗的な共和制の国民国家が生まれました。キリスト教徒によるユダヤ教徒への宗教差別は公的には否定されました。でも異教徒差別に代わって、ユダヤ「人種」という虚構の観念が社会に広がります。ユダヤ人は異教徒から異人種に変えられました。宗教差別が人種差別に形を変え「劣悪であくどいユダヤ人種」が、人々の不満や憎しみのはけ口にされました。

ヘルツルはウィーン大学を卒業しジャーナリズムや劇作で成功した教養人でした。ユダヤ人の出自を脱ぎ捨て、啓蒙(けいもう)主義の西洋近代への同化を目指しました。啓蒙主義とは、人間の理性を信頼する自由主義的な進歩思想です。カトリック教会をはじめとする中世からの宗教的権威や王、貴族、聖職者が支配する封建的な身分秩序を、人間の理性や合理的な思考で変革することを目指します。近代化、民主化を推進した思想です。

けれども、啓蒙主義の台頭に伴い、怪しい人種理論に基づく差別的な思想も生まれました。ヘルツルは反ユダヤ主義の高まりに不安を覚え始めます。ドレフュス事件の取材が決定的でした。反ユダヤ主義を内蔵する西洋キリスト教社会にユダヤ人が同化し統合されるのは不可能だ、との結論に達しました。

ヘルツルは1896年、ユダヤ民族国家樹立を訴える『ユダヤ人国家』を出版します。精力的な活動で翌年にはスイスのバーゼルで第1回世界シオニスト会議を主宰しました。

ヘルツルの指導力でシオニズム運動は現実的な政治勢力になりました。この運動が発展して半世紀後に誕生するのがイスラエルです。

●シオニストの夢と現実主義

シオニストのユダヤ民族国家樹立の目標は当初、ロマン主義的、夢想的に思えました。しかし実現への政治手法は国際政治のパワー・ポリティクスを踏まえた現実主義でした。19世紀から20世紀前半のロシアや東欧では、黒装束（くろしょうぞく）と長いもみあげが目立つユダヤ教神秘主義のハシディズムを信仰する庶民が多かったのですが、シオニストの主流派は目的合理的に思考し行動するリアリストの実際家でした。

エルサレムは当時、オスマン帝国の辺境で荒れ果てていました。ヘルツルはユダヤ国家の領土としてパレスチナに固執してはおらず、エジプトのシナイ半島や南米、ウガンダの名前も挙がりました。しかしイスラエルの初代首相となるベングリオンはじめヘルツル後のシオニスト主流派は、聖書の民ユダヤ人の故郷パレスチナに狙いを定めました。

ユダヤ国家樹立という野心的な計画を実現するには、世界各地に離散するユダヤ人（ディアスポラ）の心を深層から揺さぶる「聖地のユダヤ国家再建」という悲願を掲げる必要がある、とシオニスト主流派は考えました。世俗的、非宗教的なユダヤ人の心にも綿々と流れる民族感情に訴え、民族のパトス（情熱）に点火するほかない、と判断したのです。

彼らの主張をまとめると、以下のようなものになるでしょう。

「西洋キリスト教社会で異教徒ユダヤ人は差別・迫害されてきた。快く受け入れてくれる国は見つからない。ユダヤ人が安全に生きていくにはユダヤ人が主権を持つ国家がどうしても必要だ。ユダヤ人にも他の諸民族と同じように自決権があるはずだ」

「領土は紀元1世紀まで1000年以上ユダヤ人の国があったパレスチナしかない。バビロニア捕囚で国が滅亡したとき、聖地エルサレムへの帰還がユダヤ人の悲願だった。それは実現した。対ローマ戦争敗北による民族離散後1800年間もユダヤ人は聖地への帰還・再定住を悲願とし祈り続けてきた。今こそ、その悲願を実現すべきときだ」

シオニスト主流派は、イスラエルを建国し首相や閣僚、政府機関の要職を担うことになる人々です。右傾化した現在のイスラエルのイメージと違って、社会民主主義的な理想主義を信条とする人々でした。労働組合運動の活動家が目立ちました。指導者のベングリオンをはじめ聖書の深い知識を持つ者もいましたが、基本的には世俗的な人々でした。

シオニストはオスマン帝国領パレスチナへの入植、移民を推進しました。国家の基盤となる既成事実をつくることに全力を挙げました。国際政治では既成事実とパワーがものをいいます。大英帝国やドイツ帝国、オスマン帝国、アメリカなど大国の指導者層に巧妙に近づいていきました。

イギリスのバルフォア外相は1917年、パレスチナの「ユダヤ民族郷土」樹立を支持する書簡をユダヤ人大富豪ロスチャイルドに送りました。この「バルフォア宣言」はシオニズムの最初の大成果でした。バルフォア宣言は、英独をしのぐ大国となったアメリカのウィルソン大統領の同意を取り付けたうえで発表されました。

このとき、米英首脳間の調整を担ったのは、民主党のウィルソンに能力を買われ、ユダヤ人として初の米最高裁判事になる人権派弁護士ルイス・ブランダイスでした。ブランダイスはアメリカ社会に同化したリベラル派のエリートでしたが、ユダヤ民族主義のシオニズムをアメリカに根付かせることに大きく貢献しました。

19世紀末から20世紀初頭にかけ、ロシア帝国の影響下にある地域でユダヤ人襲撃事件（ポグロム）が頻発し、ユダヤ人のパレスチナ移住が増加しました。シオニズムのスローガンは「土地なき民（ユダヤ人）に民なき土地（パレスチナ）を」でした。けれどもパレスチナには7世紀以来、多数派のイスラム教徒と少数派のキリスト教徒からなるアラブ人社会が存在してきました。「民なき土地」ではありませんでした。

１９３３年、ナチスがドイツで独裁政権を確立し、反ユダヤ主義的な立法を制定していくと、パレスチナへのユダヤ移民が急増します。パレスチナ・アラブ人との対立、衝突が激化していきました。

●英米キリスト教シオニストの支援

ユダヤ人の聖地帰還・建国運動であるシオニズムを、聖書の解釈（神学）に基づいて支援するキリスト教徒の運動を「キリスト教シオニズム」と呼びます。その運動を担う人々が「キリスト教シオニスト」です。

キリスト教シオニストの運動は、ユダヤ人シオニストの運動より規模が１００倍は大きいといわれます。ユダヤ人はキリスト教シオニストの貢献をあまり語ってきませんでしたが、バルフォア宣言で有名なバルフォア英外相は、ユダヤ人の聖地帰還は「聖書預言の成就」と考える熱心なキリスト教シオニストでした。宣言に合意したウィルソン米大統領も「牧師の息子の私がユダヤ人の聖地回復を手助けできるなら」と語るキリスト教シオニストでした。

バルフォア宣言前年の1916年、ウィルソンにユダヤ人のシオニズム支援を求める嘆願書を出したウィリアム・ブラックストーン（1841〜1935）はアメリカの先駆的なキリスト教シオニストです。米中西部シカゴで成功したビジネスマンでした。1878年に『イエスは来臨する』を出版しました。十字架の死から復活した救世主（メシア）イエスが世界の終末にエルサレムに再び現れ、神の千年王国が出現する、というキリスト教の黙示思想に基づく本です。

ブラックストーンは1891年、ハリソン米大統領（共和党）に、パレスチナへのユダヤ人入植支援を求める嘆願書を提出しました。署名した413人には当時の最高裁長官、石油王ジョン・ロックフェラー、金融王J・P・モルガンら米大企業の経営者、有力紙の編集者らが名前を連ねました。キリスト教シオニズムが神学者内の一潮流ではなく、政財界に大きな影響力を持っていたことがうかがえます。

ブラックストーンはブランダイス最高裁判事と共に、アメリカのシオニズムの父と呼ばれます。1916年のウィルソン宛てブラックストーン嘆願書は、1891年の嘆願書をブランダイスが推敲（すいこう）したものでした。

キリスト教シオニストはユダヤ人シオニズム運動の父ヘルツルにも直接、支援の手を差し伸べています。イギリスの在ウィーン大使館付き英国教会牧師ウィリアム・ヘクラーは1896年、ヘルツルの自宅を初訪問しました。宗教に関心がなかったヘルツルに、パレスチナの地理や考古学、失われた「契約の箱」のロマンを教えました。奔走の末に1898年、パレスチナに大きな影響力を持つドイツ皇帝ヴィルヘルム2世とヘルツルの会見を実現させました。ヘクラーは早くも1883年に小冊子『ユダヤ人のパレスチナ帰還』をロンドンで配布しています。

キリスト教シオニズムは、ユダヤ人のシオニズムが台頭する少なくとも60年前から、ユダヤ教徒の聖地帰還を支持してきました。イギリスのシャフツベリー伯（アントニー・アシュレー＝クーパー）が有名です。黙示思想の終末論に基づき、キリスト教徒はイエス再臨の舞台を整えるためユダヤ人の聖地帰還を支援しなければならない、と考えていました。シャフツベリーは親族のパルマーストン外相に働きかけ、外相は1838年、エルサレムに英領事館を開設しました。

シャフツベリー伯はクリミア戦争（1853～56）を観察し、オスマン帝国のパレスチナ支配が揺らいでいるのを見て取り「パレスチナは土地なき民を探している民なき土地」と書きました。この言葉は半世紀後、「土地なき民に、民なき土地を」というシオニズムのキャッチフレーズになりました。聖書預言に夢中なキリスト教シオニストにアラブ人の姿は目に入りませんでした。アラブ人キリスト教徒の存在にも思いが至りませんでした。

19世紀イギリスのキリスト教シオニストの先導がなければ、イスラエル建国の夢が実現できたかどうか疑問です。キリスト教シオニズムはイギリスからアメリカに広がり、現在もアメリカとイスラエルの「特別な関係」「聖書の同盟」を支えています。

●シオニスト右派の「鉄の壁」思想

主流派のシオニストは「中道左派」とも呼べる人々でした。それに対し「シオニスト修正主義」を信奉する「右派」がイスラエルの建国前から存在し、主流派と対立していました。建国後の右派政党リクード、ネタニヤフ政権の源流です。

ベングリオンをはじめ主流派のシオニストは当初、アラブ人との平和共存を模索しました。ユダヤ人もアラブ人も同じ労働者だから資本家との階級闘争で連帯できる、とするマルクス主義的な発想がありました。将来のユダヤ国家でアラブ人は少数派としての権利を保障され、両者は共存できる、との理想を掲げました。

これに対し、主流派から「右派」のレッテルを貼られ批判された論客ウラジーミル・ゼエブ・ジャボティンスキー(1880~1940)は、多数派のアラブ人がユダヤ国家の少数派に甘んじることなどありえない、きれいごとにすぎない、と反論しました。結局、武力や流血を伴う対立で決着を付けることになる、と予測しました。

ジャボティンスキーは、ベングリオンが民族より階級が重要だといいながら労働組合からアラブ人を排除している矛盾を批判しました。入植地を自衛する武力集団を組織しなければならない現実を突きました。1923年の論文「鉄の壁」「鉄の壁の道義性」で、ナショナリズムの排他的な性格を指摘し、ユダヤ人とアラブ人の「自発的合意は、現在あるいは予見できる将来、考えられない」と、主流派の幻想と偽善を批判しました。

アラブ人は「入植者を追い出すというすべての望みを諦めた時にのみ、そして鉄の壁のすべての裂け目が塞がれた時にのみ、そのような運命的な問題について譲歩する用意ができるだろう。そうなって初めて過激主義的なグループが影響力を失い、彼らの影響力がより穏健なグループに移行するだろう」とジャボティンスキーは訴えました(森まり子氏)。和平への道は鉄の壁を通る、とするこの思想は、アラブ・ナショナリズム高揚の前に、主流派もやがて暗黙の裡に受け入れていかざるをえなくなります。

イスラエルの右派政党リクードは「鉄の壁」思想を受け継ぎました。1977年にシオニスト主流派の労働党から政権を奪ったベギン首相やネタニヤフ首相もジャボティンスキーの系譜です。ネタニヤフ政権が2023年、ガザ地区のイスラム主義組織ハマス壊滅を掲げて始めた攻撃の苛烈さ、容赦のなさの背景に「鉄の壁」の安全保障思想があります。

シオニズム主流派も右派も、近現代の世俗的な政治運動です。世俗的といっても、ユダヤ人の定義がユダヤ教徒という宗教的な属性にあるため、ユダヤ教の聖地への熱い望郷の念といった宗教的信条・心情が混入してきます。特に右派は、国家のアイデンティティの柱としてユダヤ教徒であることを強調するため、政治行動では、占領地ヨルダン川西岸への入植を推進する現在の宗教的シオニストと重なり合ってきます。

●アメリカのユダヤ人差別

第二次大戦前のアメリカ社会では有色人種差別や反ユダヤ主義が吹き荒れていました。1924年の移民法でイギリス、オランダ、ドイツ、北欧諸国などからの「ワスプ」(WASP、アングロサクソン系白人プロテスタント)ではない南欧、東欧などからのカトリック教徒やユダヤ教徒の受け入れが制限されました。日本人を含むアジア系は、アメリカ社会への同化が不可能な外国人として移民が禁止されました。日本では排日移民法、日本人排斥法(はいせき)などと呼ばれました。

1924年は白人至上主義団体クー・クラックス・クラン(KKK)の会員数が400万人前後になった最盛期でした。KKKは南北戦争後の1865年、南部テネシー州で結成されたプロテスタント主体の秘密組織で、黒人やユダヤ人、カトリックを襲撃しました。

中東起源のユダヤ人はオリエンタル(東洋系)の異人種、キリスト教への改宗を拒む強情な異教徒と見なされ差別を受けました。ハーバードをはじめ名門大学はユダヤ人の志願者に厳しい入学制限を課しました。富豪のユダヤ人でも高級ホテルやゴルフのカントリークラブで門前払いされました。

南部ジョージア州アトランタで1915年、ニューヨーク出身のユダヤ人青年実業家レオ・フランクが、自分が経営する工場で働く白人少女の殺人事件で無実の罪を着せられました。フランクは刑務所で収監中に白人至上主義者の集団に襲われて拉致(らち)され、森の中でリンチを受け殺害されました。遺体も群衆に冒瀆(ぼうとく)されました。いったん解散状態になっていたKKKを再結成したのがこのリンチを主導した集団です。

反ユダヤ主義で悪名高いのはアメリカン・ドリームの体現者とされたフォード自動車の創設者ヘンリー・フォードです。フォードは米北東部ミシガン州の週刊新聞を買収し19

20年から7年間、「ユダヤ人による世界支配の陰謀」をでっち上げた帝政ロシアの偽書『シオン賢者の議定書』の英訳と、反ユダヤ主義の特集記事を掲載させました。偽書と記事をまとめた本は世界中で翻訳され、ドイツの極右ナチスに影響を与えました。

1929年の世界恐慌後、移民の流入が雇用に与える悪影響が懸念されました。ユダヤ移民が増えると、ユダヤ人が経営するニューヨークの有名百貨店が移民を雇用するため非ユダヤ人を解雇する、との噂が流れました。ソ連の共産主義者やスパイが移民の中に紛れ込むのではないか、といった不安も広がりました。

●ユダヤ難民に冷淡だったリベラル派ローズヴェルト

ローズヴェルト大統領（在1933〜45）の民主党政権はニューディール政策で積極的な雇用・貧困対策を打ち出しました。マイノリティ（少数派）であるユダヤ系アメリカ人の大半は民主党政権を支持しました。ヒトラーは1933年にドイツで独裁政権を樹立し露骨な反ユダヤ主義政策を推進しました。しかしリベラル派とされる米民主党政権も、ユダヤ難民・移民の受け入れには消極的でした。

当時の米世論の雰囲気は「孤立主義」でした。ヨーロッパの国際政治への関与を嫌う孤立主義は建国期からの伝統的な外交政策です。ナチス・ドイツや大日本帝国の侵略戦争はヨーロッパと東アジアの問題、アメリカは中立を堅持すべき、参戦には断固反対という「米国第一主義」のナショナリズムです。

対独戦争に反対する「アメリカ第一委員会」が設立され、北欧系のリンドバーグが広告塔を務めました。史上初の大西洋単独無着陸飛行に成功した金髪で青い目のハンサムな世界的著名人です。左派の「平和主義者」も孤立主義的な反戦運動に参加しました。トランプ前大統領のキャッチフレーズ「アメリカ・ファースト」につながるナショナリズムです。

ローズヴェルトは孤立主義に反対でしたが、ユダヤ移民の大量受け入れによる支持率低下を懸念していました。１９３９年５月、キューバ経由で米入国を目指すユダヤ難民を乗せた客船「セント・ルイス号」がドイツ・ハンブルク港を出港しましたが、ヨーロッパへ追い返されました。米沿岸警備隊の任務は、海に飛び込んでマイアミへ泳ぐ人々を客船に連れ戻すことでした。難民９３７人中２５４人がホロコーストで死亡しました。米女優フェイ・ダナウェイが出演した「さすらいの航海」（１９７６）はこの実話の映画化です。

第二次大戦中、ホロコーストで約６００万人のユダヤ人が機銃掃射や収容所のガス室で虐殺されました。ホロコースト（ショアー）とはユダヤ教で神に捧げる「焼き尽くす捧げもの」のことです。1941年夏の独ソ戦勃発後まもなく東部戦線の占領地で本格的に始まり、ローズヴェルト政権も1942年後半には明確に認識していました。

難民のアメリカ以外の行く先は主にシオニストが奨励するパレスチナです。イギリスはアラブ世界の反発を恐れ1939年の「マクドナルド白書」でユダヤ移民を厳しく制限していました。ユダヤ難民のパレスチナ移住は同盟国イギリスの政策と矛盾し、アラブ諸国のアメリカへの反発を招く恐れも心配されました。

当時の米国務省は「オールド・ボーイズ」と呼ばれるワスプのエリートが中枢を占め、反ユダヤ主義的でした。ドイツがユダヤ難民を連合国に出国させ混乱を図るのではと懸念しました。難民移送には多くの船舶や人員が必要になり、戦争の合理的遂行を阻害すると考えられました。ユダヤ難民へのビザ（査証）発効を遅らせ、ホロコーストの詳細な情報が大統領や報道機関に届くのを妨害した、と指摘する研究もあります。

●ブリンケン米長官の義父はアウシュビッツ生還者

100万人以上が虐殺されたポーランドのアウシュビッツ絶滅収容所や、収容所に続く鉄路の空爆などユダヤ人の犠牲者を減らす作戦はほとんど検討されませんでした。「なぜアウシュビッツを爆撃しなかったのか」と問う声は今も続いています。

アウシュビッツをソ連軍が解放して50年に当たる1995年、私はエルサレムのキング・デービッドホテルで、同収容所からの数少ない生還者サムエル・ピサール氏に1対1でのインタビューに応じてもらえました。ピサール氏の父はゲシュタポ（ナチス秘密警察）に射殺され、母と4歳下の妹はアウシュビッツで殺されました。

労働力として利用価値のない子供や女性、老人はすぐに殺され、故郷ポーランドの小学校の児童約500人の中で生き延びたのはピサール氏だけだったそうです。

収容所に向かう家畜用貨車に乗せられたときピサール氏は13歳。偽って18歳の青年を装いました。「少しでも大人に見えるよう母がだぶだぶのズボンをはかせてくれた」「収容所では小さな失敗も直ちに死を意味した。決して失敗しないように絶えず全神経を集中した」と話してくれました。

ピサール氏はハーバード大学などで学び弁護士に。クリントン政権のスタッフだった女性と再婚しました。義理の息子アントニーはバイデン政権で対イスラエル外交を主導するブリンケン国務長官です。義父からホロコーストの体験を直に聞いたことでしょう。

●タイムズ紙はホロコースト軽視、原理主義者は「神の計画」

難民受け入れに消極的だったのはユダヤ人のエリートも同じです。ローズヴェルト政権に近いリベラルなユダヤ人の大半はアメリカ社会に同化して成功を追い求める人々でした。ユダヤ民族主義のシオニストと対立関係にありました。

ユダヤ系のサルツバーガー家が発行人（社主）を務めるニューヨーク・タイムズ紙はホロコースト報道を意図的に抑制しました。アーサー・サルツバーガー社主は「リベラル」が看板の「高級紙」がユダヤ人に肩入れしているとみられると、反ユダヤ主義を一層かき立てると心配し、ユダヤ人が目立つ紙面にならないよう編集者や記者に指示しました。

社主の判断には米ユダヤ社会内部の対立が影響していました。同化主義の世俗的でリベラルなユダヤ教「改革派」と民族主義的なユダヤ教「正統派」の対立です。改革派はユダヤ民族主義者シオニストとも対立しました。改革派が多いエリートの主流は19世紀半ばに移民してきたドイツ系ユダヤ人の子や孫たちが主体でした。一方、正統派やシオニストは、1881年以降に東欧やロシアの後進地域からポグロム（ユダヤ人襲撃・迫害）や貧困を逃れ大挙移民してきた庶民が大半でした。

アーサーの妻イフィジニーの母方の祖父イサク・ワイズ師はユダヤ教改革派の創始者で

す。ワイズ師は、ユダヤ人は民族や人種ではなく宗教の信徒だと主張しました。自分が住む国に同化すべきだと考え、シオニストを敵視しました。祖父ワイズ師を敬愛する社主アーサーも、ユダヤ難民の受け入れや救出を強く主張するシオニストと対立しました。アーサー社主は「ユダヤ民族」という用語を使わないよう編集局に指示しました。

アーサーは大戦中、ローズヴェルト大統領と個人的に6回も会える有力者でした。ニューヨーク・タイムズは米政府を取材する記者ほぼ全員が読んでいるとの調査があるほどの有力紙です。同紙のホロコースト軽視は他のメディアに影響し、米国民がユダヤ人大虐殺の事実やユダヤ人からの救援・救出の叫びを知る機会を失わせました。

一方、保守的な原理主義者の雑誌や新聞はホロコーストを比較的正確に報道し、ユダヤ人のシオニズムを慎重に支持しました。けれども、ユダヤ教徒のキリスト教への改宗を予告する聖書預言の観点からすべてを見ていました。

ホロコーストはドイツの人種差別主義者による恐ろしい出来事だが、結果的にユダヤ教徒の聖地パレスチナの帰還を加速した、とする神学的解釈です。ヒトラーはイスラエル建国運動に弾みをつけ、神と選民の契約が破られていないことを実証し、ユダヤ教徒のための神の計画を前進させた、とキリスト教原理主義者の一部は考えました。

●バプテスト派トルーマンのイスラエル承認

トルーマン大統領は広島・長崎への原爆投下と、朝鮮戦争でのマッカーサー国連軍司令官解任で日本では知られています。トルーマンは1948年5月14日、イスラエルが独立宣言を発した11分後に建国を承認したことでも歴史に名を残しました。

大統領を2期務めて退任したトルーマンは1953年11月、ユダヤ系の戦友エディ・ジェイコブソンにニューヨークのユダヤ教神学校に招かれ「イスラエルの建国を助けた方です」と紹介されました。トルーマンは講演で「私はキュロス王、私はキュロス王」と誇らしげに口走りました。ユダヤ人のバビロニア捕囚を解き、聖地帰還と神殿再建を許した古代ペルシャ王に自らを重ねたのです。

米国務省のマーシャル長官はイスラエル承認に反対でした。アラブ諸国の反発を懸念し辞任まで示唆してトルーマンに翻意(ほんい)を迫りました。国務省の中東専門家もこぞって反対しました。しかしトルーマンは側近たちの進言を退けました。

トルーマンがイスラエル承認に踏み切った理由としては、①幼少期からの聖書・聖地への強い思い入れ、庶民的なバプテスト派信仰、②ユダヤ難民への同情、労組活動家の多いシオニストへの親近感、シオニストを米建国史の開拓者に重ねて支持する民主党内リベラル派への配慮、③ユダヤ系大富豪からの選挙資金、在米ユダヤ人団体からの政治的圧力、ユダヤ人の友人の影響……などが指摘されてきました。

この3要因は、米大衆の聖書的な政治文化、アメリカとイスラエルの「解放」「自由」を強調する建国物語の類似性、在米ユダヤ人の資金力・政治力と言い換えられます。緩やかなキリスト教シオニズム、聖書基盤のアメリカニズム、聖書の民ユダヤ人の影響力です。この3要因は、歴代の米大統領がイスラエルを重視する理由を概ね説明し、両国の「特別な関係」「聖書の同盟」の基盤を構成しています。

トルーマンは中西部ミズーリ州出身の庶民派の大統領でした。幼少時、両親の勧めでキリスト教プロテスタント長老派の日曜学校に通いましたが、18歳でカンザス・シティに働きに出るとバプテスト（洗礼・浸礼者）派の教会に自ら移りました。

バプテスト派は個人の回心体験や、幼児洗礼ではない自分の意思による水の洗礼・浸礼を重視します。回心とは、罪を悔い改め、新たな信仰生活に入る個人的な決断とその表明です。水の洗礼は死と復活を象徴します。浸礼は全身を水に浸す洗礼です。回心体験はアフガニスタンとイラクに軍事侵攻した福音派の共和党大統領ブッシュ（子）も「ボーンアゲイン」（生まれ変わる）という言葉で強調しました。

トルーマンは1946年4月、アメリカのユダヤ教改革派のラビ（ユダヤ教指導者）でシオニスト指導者のスティーブン・ワイズ師と会いました。ユダヤ国家樹立への支持を訴えるワイズ師にトルーマンは、「聖書を小学校に入る前に2度読んだ」「ユダヤ人の歴史はすべて知っている」と自慢しました。トルーマンは高卒でしたが猛烈な読書家でした。

トルーマンは「パレスチナは常に興味深い。もちろん聖書の背景がある。（中略）だが聖書だけではない。どこよりも複雑で興味深い。ずっと注意深く研究してきた」と続けました。トルーマンは聖書預言を信じる保守的なキリスト教シオニストではありませんでしたが、聖書に精通したバプテスト派信者として、聖地のユダヤ国家樹立というロマンに惹(ひ)かれる大衆の心情を理解できました。

●ユダヤ難民を米でなくパレスチナへ

トルーマンは1947年3月、「トルーマン・ドクトリン」を打ち出したことでも知られています。ソ連共産党の全体主義に対抗する西側陣営の基本政策です。対ソ冷戦を深刻に捉えたトルーマンが、ソ連のアラブ諸国への勢力拡大をもたらすと国務省が反対するイスラエル承認に、宗教的信条だけで踏み切るはずはありません。

トルーマンはローズヴェルトの死で1945年4月に大統領に昇格しました。5月のドイツ降伏後、収容所跡や生存者を調査した特使からホロコーストの想像を絶する残虐さ、ユダヤ難民の窮状が報告されます。ポーランドでは戦後もユダヤ人殺害が起きていました。特使はパレスチナへの10万人のユダヤ移民をイギリスに認めさせるように進言します。7月の米英ソ3首脳らによる会談は日本への降伏勧告（ポツダム宣言）で知られていますが、トルーマンは原爆投下命令を出す前日の24日、チャーチル英首相に移民制限緩和を要請しています。

難民問題へのトルーマンの積極的な関与に、人道主義的なリベラリズムを見ることができます。トルーマンが大統領2期目に打ち出した「フェアディール」は社会保障、公民権、労働組合を重視するリベラル派の諸政策の総称です。米ユダヤ系ジャーナリスト、ジョン・ジュディスは『創世記：トルーマン、ユダヤ系アメリカ人、アラブ／イスラエル紛争の起源』で、トルーマンの政治・宗教的な価値意識を「キリスト教普遍主義」と呼びました。キリスト教的な進歩主義、宗教リベラルです。

ユダヤ難民のパレスチナ移住に積極的だったのは、不人気な難民・移民受け入れを回避する計算もあったでしょう。1945年末の世論調査では、戦前より多い移民受け入れへの賛成はわずか5%でした。移民は「南欧や東欧のくず」といわれました。肌の色が北欧系ほど白くない地中海人種は戦前、ワスプから有色人種扱いされることがありました。白人至上主義の主体は当時、「金髪、碧眼（へきがん）」の北方系白人プロテスタントでした。

パレスチナのユダヤ国家樹立の是非をめぐる英米調査委員会で、ユダヤ系の物理学者アインシュタインはユダヤ国家反対論を、キリスト教リベラル神学の大物ラインホールド・ニーバーは現実主義による賛成論を陳述しました。アインシュタインは世界大戦の原因が民族主義だった点を強調しました。ニーバーはアラブ住民への不正義を認めながらも、ユダヤ人を迫害から守れるのはユダヤ人の主権国家しかなく、アラブ人は広大なアラブ諸国に移住できる、と述べ、アメリカのシオニストから称賛されました。

アメリカ人は、パレスチナを委任統治するイギリスを相手に独立のため闘うシオニストに、対英独立戦争の米建国の父祖を見ました。左派は、イギリスと闘うシオニストを反「植民地主義」勢力と見ました。

アメリカ人はシオニストに米西部の開拓者（パイオニア）の姿も見ました。民主党リベラル派がユダヤ国家を支持したのは、シオニズムを世界の進歩に貢献するリベラリズムの企（くわだ）てと見たからです。『ネーション』『ニュー・リパブリック』といった中道左派のオピニオン誌がシオニズムを強く支持しました。アラブ住民が、白人文明の進歩の前に消えてゆくインディアンと同じ運命をたどるのは仕方がない、という暗黙の了解もあったように思われます。

トルーマンは、前大統領夫人で民主党内に強い影響力を持つエレノア・ローズヴェルトのシオニズム支持を無視できませんでした。エレノアはユダヤ国家が国連パレスチナ分割決議に法的根拠を持つことを強調し、後には「シオニストの民主的社会主義は、国際版ニューディールを推進する模範的な国家を実現するかもしれない」とまで語っています。

●ユダヤ系資金、米世論の親イスラエル

トルーマンは1948年11月に大統領選挙を控え、当選が困難視されていました。シカゴ・トリビューン紙が実際の投票後に「(共和党候補)デューイ、トルーマンを破る」という予定稿をそのまま印刷し誤報を出した逸話が残っています。

トルーマンの逆転勝利の要因として、選挙戦終盤に自ら中西部を列車で遊説して回った追い込みが挙げられます。資金を提供したのはニューヨークの大富豪ファインバーグらでした。ファインバーグはイスラエル軍の前身ハガナ(ユダヤ軍事組織)のアメリカ支部、

通称「ゾンネボーン研究所」の発起人の一人でした。
「研究所」の真の目的は、武器・弾薬生産用の工具調達でした。同研究所は、1945年6月に訪米したユダヤ機関議長ベングリオンが「日本が降伏したら、余った武器が大量に安値で市場に出回る」と在米ユダヤ人富裕層を説得し設立されました。ファインバーグは後に民主党のケネディやジョンソンの選挙資金も工面しています。

ベトナム戦争のソンミ村虐殺事件をスクープしたユダヤ系のセイモア・ハーシュ記者によると、ファインバーグはニューヨークを拠点とするユダヤ人富豪がイスラエルの核兵器開発に秘密資金を提供する「三十人委員会」の中心人物でした。同委員会には、後にイスラエルの首相、大統領になったノーベル平和賞受賞者シモン・ペレスが深く関与しました。

選挙を数か月後に控えたトルーマンにとって最も重要だったのは、有権者である一般大衆です。大衆は、中東での冷戦の力学やアラブ人とユダヤ人の対立の歴史的背景などにあまり知識も関心もありませんが、トルーマンと同じように、幼いころから町の教会に家族と通い、聖書や聖地の物語に親しんできました。聖書の登場人物のほとんどはユダヤ人です。アメリカの大衆はイスラエル建国を心情的に支持します。救世主イエス再臨の聖書預言からイスラエルを祝福する人々も少なくありません。

高卒でバプテスト派のトルーマンには大衆の心情がわかりました。地方政治家からたたき上げでホワイトハウスにまで上り詰めたトルーマンの政治的な勘は、それを直感したに違いありません。イスラエル承認の是非を決める議論でマーシャル国務長官らと対立したクリフォード大統領特別顧問はトルーマンの決断について、大統領の難民問題への人道的関心を要因のひとつに挙げましたが、トルーマンには聖地への感情的な思い入れがあったうえ、アメリカ世論のユダヤ国家独立支持が決定的だった、と回想しています。

3章 「約束の地」アメリカの建国神話

●北米新大陸は「新しいイスラエル」

アメリカ人が総じて親イスラエルなのはなぜなのでしょうか?

共和党の保守派は、キリスト教神学の観点から聖地エルサレムを特別視し、ヨルダン川西岸を聖書のユダヤ、サマリアに重ね、入植地拡大を気に留めません。地政学の観点から、イスラム過激派のテロと戦いイランと対立するイスラエルを支援します。

民主党のリベラル派は、占領下のパレスチナ人の苦境に同情し、独立国家樹立を認める「2国家和平案」を支持します。占領には反対しますが、イスラエルの国家としての生存権を強く支持し、イスラエルの安全保障を重視します。左派の一部にはイスラエル国家を

「植民地主義」と批判し、認めない人もいます。

アメリカ人が保守派もリベラル派も、超党派でイスラエルを基本的に支持するのは、イスラエルが「アメリカにとても似ている」と感じられるからです。アメリカと現代イスラエルは、日本やヨーロッパ、アジアなど世界のほかの国々とは国の成り立ちが違います。アメリカもイスラエルも国民の大多数が入植者と移民を祖先とする国です。

旧約文学の「出エジプト記」（エクソダス）の物語は、17世紀に北米大陸へ入植したピューリタン（キリスト教プロテスタント清教徒）のピルグリム・ファーザーズ（巡礼父祖）や、18世紀後半のアメリカ独立革命、合衆国憲法制定にかかわったファウンディング・ファーザーズ（建国父祖）にインスピレーションを与えました。

巡礼父祖と呼ばれるピューリタンは、英国教会やカトリック教会の迫害を逃れ、大西洋を越えてやってきた宗教的な人々です。シオニストと同様に、「約束の地」への脱出＝「出エジプト」に自分や家族の人生と宗教共同体の未来を賭けた入植者でした。アメリカの建国父祖とは、初代大統領ワシントンや第2代アダムズ、第3代ジェファソンらです。

アメリカの巡礼父祖、建国父祖は、北米新大陸を聖書の物語に重ね「神の国」「新しいイスラエル」と呼びました。「出エジプト記」の悪役、古代エジプトの専制的なファラオは、ピューリタンを迫害し植民地を搾取するイギリス国王に重ねられました。古代イスラエル人が神の奇蹟で渡った「葦の海」は、旧世界から新世界へ渡る大西洋、というわけです。対英独立革命戦争の最高司令官ワシントンは、古代イスラエルの民を隷属から解放した預言者モーセです。先住民インディアンは、聖書でイスラエルの民と戦うカナン人やエブス人、アモリ人です。

旧約聖書の「専制からの自由」を求める建国神話が、アメリカの独立宣言や憲法が保障するリベラル・デモクラシー（自由民主主義）の政治文化の基盤です。「旧世界」からの移民が希望に満ちて仰ぎ見るニューヨーク港の自由の女神はその象徴です。自由の女神の台座に刻まれた「疲れし者、貧しき者を我に与えよ」という詩の作者はユダヤ系詩人エマ・ラザラスでした。

モーセとイスラエルの民の行く手を阻む「葦の海」が、神の超自然的なパワーでふたつに割れる「海の奇蹟」は、冷戦初期のハリウッド映画の大作「十戒」でよく知られています。近年ではリドリー・スコット監督の「エクソダス：神と王」（２０１４）で映画化されました。

イスラエルが建国された20世紀中ごろ、敬虔な白人キリスト教徒がアメリカの圧倒的な多数派でした。幼いころからの教会通い、日曜学校での聖書教育で、エルサレムをはじめ聖地の地理に親しんでいました。聖書の登場人物はほとんど古代のユダヤ人か、ユダヤ教からキリスト教に改宗した元ユダヤ人です。族長アブラハム、預言者モーセ、ダビデ王、ソロモン王といった旧約聖書のキャラクターに心躍らせ、ロマンを感じました。

「出エジプト記」の物語とアメリカの建国神話の類似性は、アメリカ人がイスラエルを支援する基本的な「気分」を生み出しています。

「出エジプト記」には、社会的弱者や「寄留者」（移民・難民）の保護を命じる規定も数多くあります。民主党支持者やリベラル派、左派の共感を呼ぶ内容です。「出エジプト」や「約束の地」は、アメリカのリベラリズムのキーワードです。巻頭の聖句「出エジプト記」22章を参照してください。

聖書のユダヤ・キリスト教文化はアメリカの建国神話や建国の理念、米国民のナショナル・アイデンティティの本質に根差しています。米外交史家ウォルター・ラッセル・ミードは大著『契約の箱：アメリカ、イスラエル、ユダヤ民族の運命』で、

「地図上のイスラエルはちっぽけだが、アメリカの政治思想にとっては大陸だ」

と指摘しています。

●「メイフラワー誓約」と「丘の上の町」

ピルグリム・ファーザーズ（巡礼父祖）では、1620年にメイフラワー号で米北東部ニューイングランドにたどり着き、「メイフラワー誓約」に基づいてプリマス植民地を建設した人々が有名です。メイフラワー誓約は、契約による政治的共同体、秩序の結成を誓った文書で、「神の名」「神の恵み」「神の栄光」と神に繰り返し言及しました。メイフラワー誓約は、社会契約に基づく民主主義の源泉として、アメリカの建国物語、自由の伝説を支えてきました。

マサチューセッツ湾植民地の初代総督ウィンスロップは1630年の復活祭の翌日、約1000人が乗船する植民会社の大船団をイギリスから出航させました。ウィンスロップは自らを預言者モーセに模していました。船上での説教は新約「マタイによる福音書」5章の「あなたがたは世の光である。山の上にある町は、隠れることができない」を引用し、「丘の上の町」という言葉で歴史に残りました。

ウィンスロップの説教は、神に選ばれた我々は自由のための特別の使命を担っている、という使命感にあふれ、神は我々が諸国民の光となるように新大陸を与えた、失敗は許されない、という決意がみなぎっています。

自由を拡大する使命と責任という感覚は、マサチューセッツのピューリタンにはぐくまれ、アメリカの自由主義の基礎を形成しました。近年では共和党のレーガン大統領が１９８９年の告別演説で、アメリカを「丘の上の輝く町」と呼んで、全世界に自由を広める使命を強調しました。アメリカの自由主義の基盤には聖書的思考があります。

●独立革命とキリスト教ヘブライズム

１７７６年のアメリカ独立宣言は、弱冠33歳で起草者に抜擢(ばってき)されたトマス・ジェファソンの筆になる文書です。独立宣言は「自然法や自然の神の法」に基づいて、人民が政治的な束縛を断ち切り、分離独立することを認められる場合がある、と述べた後、「われわれは以下の真実を自明のものと信じる。すべての人が平等に造られ、造物主(Creator)によって一定の譲ることのできない権利を与えられたこと、その中に、生命、自由および幸福を追求する権利が含まれること」と続きます。神によって命を与えられた個人には、この世で自由に「幸福を追求する権利」がある、と訴えた独立宣言の精神は、１７８７年に制定された合衆国憲法に反映されました。アメリカの憲法は世界で初めて立憲民主主義を定めた成文法典です。

アメリカ独立宣言は、フランス革命の人権宣言をはじめ世界の人権思想、政治思想に大きな影響を与えました。日本国憲法13条の「生命、自由及び幸福追求に対する国民の権利」はこの宣言に由来します。個人の権利や政治的独立の権利は「神の法」「造物主」の名で保障されています。「自由」「民主主義」「立憲」といった言葉は、現代日本の主要政党名に受け継がれています。

独立宣言が発表された1976年7月4日、独立を主導した大陸会議は、避雷針の発明や自叙伝で有名な元老格のフランクリンや宣言の起草者ジェファソンらに、新国家を表す印章である国璽（こくじ）の図案を考えるよう指示しました。

フランクリンは「出エジプト記」14章21～23節の場面を選びました。モーセが手を挙げて海をふたつに分け、追手の戦車のファラオが海にのまれる光景です。ジェファソンも「出エジプト記」13章末尾の聖句に基づく図案を示しました。主（神）が、専制を逃れるため荒れ野を進むイスラエルの民を、昼は雲の柱、夜は火の柱となって導く、という聖句です。

ふたりの図案は最終的には採用に至りませんでしたが、このエピソードは、旧約聖書（ヘブライ語聖書）が建国期アメリカの政治に対して持っていた強い文化的影響力を示しています。これは「キリスト教へブライズム」とも呼ばれています。

名門エール大学（1701年創立）が1736年につくった大学の記章には、ヘブライ文字で「光と完全」と刻まれました。エール大学のスタイルズ学長は、学長の就任演説をヘブライ語でおこないました。当時、最高の教養人として尊敬されていたスタイルズ学長は「神のアメリカのイスラエル」と述べたことでも知られています。

建国期のアメリカにユダヤ人は数千人ほどしかいませんでした。ほとんどのアメリカ人は実際のユダヤ人に日常的に出会うことはありませんでしたが、旧約聖書を書いたユダヤ教徒やヘブライ語は、教養人の関心の的でした。アメリカ先住民は古代ユダヤ人の子孫だとする「ユダヤ・インディアン説」が流行しました。

第2代大統領アダムズは退任後、第3代大統領をやはり退任したジェファソンに宛てた手紙で、ユダヤ・インディアン説を話題にしました。ふたりの元大統領はこの説を支持しませんでしたが、ジェファソンはインディアンの言葉が聖書のヘブライ語起源だとする説に興味をひかれました。ユダヤ・インディアン説の背景には、紀元前8世紀にアッシリアに滅ぼされた北王国イスラエルの「失われた十部族」の伝承があります。ユダヤ・インディアン説も歴史の闇に消えた十部族探しのロマンのひとつです。

●ケネディ就任演説とアメリカの市民宗教

ロバート・ベラー（1927〜2013）は、アメリカを代表する宗教社会学者です。若いころに出版した『徳川時代の宗教』（1957）で、戦後日本の代表的な政治学者、丸山眞男に影響を与えました。亡くなった年にハーバード大学構内の書店を訪れると、ベラーの遺著にして大著『人類進化における宗教』（2011）が山積みされていました。

ベラーは1967年に「アメリカの市民宗教」という有名な論文を発表しました。「市民宗教」という概念は、アメリカの政治文化におけるユダヤ・キリスト教の宗教伝統と、リベラル・デモクラシーの価値観の重なりを見るときに有効です。「市民宗教」という言葉はフランスの啓蒙思想家ルソーの『社会契約論』から取られています。

ユダヤ・キリスト教の伝統文化とリベラル・デモクラシーの政治思想は聖書を通じ深く関係し合っています。このふたつからなる政治文化は、アメリカとイスラエルの「特別な関係」「聖書の同盟」の中心にあります。「政治文化」という用語は、イギリスの政治学者エリザベス・スティーブンスが『アメリカの対イスラエル政策：「特別な関係」を定義する政治文化の役割』で強調しました。

社会学者ベラーは、1961年1月20日にケネディ大統領がおこなった就任演説を素材に、アメリカの宗教伝統における神の観念と、政治的伝統における価値観の融合を指摘しました。ケネディは就任演説で、神の名に冒頭2回、末尾に1回の計3回言及しました。冒頭の言葉は、「私は皆さんと**全能の神**の前で、われわれの建国の父たちがほぼ175年前に定めた厳粛（げんしゅく）な誓いと同じ誓いの言葉を述べました」「人間の諸権利は国家の寛大さによってではなく**神の御手**（みて）からもたらされたとする革命的な信念のために我々の父祖たちは戦いました。それは今も世界中で未解決の問題です」

結びの言葉は、「この地上における**神の御業**を担うのは、我々自身でなければなりません」でした。神の御業を地上で実現する義務とは、アメリカの精神的な伝統を貫くテーマです。ケネディは神の観念に言及しました。でもモーセやイエスなど宗教・宗派を特定する人物や教会には触れていません。ケネディは当時、初のカトリックの米大統領でしたが、カトリック教会に触れませんでした。ケネディの個人的、私的な信仰であり、大統領の公職とは無関係であるべきだからです。

合衆国憲法の修正第1条（第1修正）は言論・表現の自由を定めたことで有名です。修正第1条は「国教樹立禁止条項」と「宗教の自由条項」を定めています。「国教」とは国家教会のこと。アメリカでは国家が特定の宗教を国教、つまり国の宗教と定めるのを禁じることで、さまざまな宗派の自由な活動を保障しているのです。公共の政治過程に、異なる宗教・宗派の人たちが平等な資格で参加できるようにするためです。個人の宗教領域を国家の領域から隔て、個人の信教の自由を保障する仕組みになっています。

日本語の「政教分離」を文字通りに取ると、政治と宗教が別個のものと理解されるでしょう。でも、政治的な領域と宗教的な領域を完全に分離するのは現実の世界では不可能です。英語で政教分離は通常「教会と国家の分離」と呼びます。

市民宗教とキリスト教には役割分担があります。個人的な信仰が何であれ、公務では市民宗教の決まり事や儀式、典礼に従います。一方、個人の信仰や宗教行為という広大な領域が教会にゆだねられています。国家は教会を支配せず、教会も国家を支配しません。

ベラーによると、アメリカの市民宗教はキリスト教そのものではないけれど、国民の大多数が当時共有していたキリスト教プロテスタントの伝統に基づく信条や価値、儀礼を伴います。大統領就任式は最も重要な儀式で、政治的な権威を宗教的に正当化します。市民宗教はプロテスタントの教義と、人間の理性を信頼するヨーロッパ近代の啓蒙思想から生まれました。

アメリカの政治文化の基調をなす市民宗教は、建国初期の大統領によって定められました。１７８９年のワシントンの大統領就任演説には「宇宙を支配する全能の存在」がアメリカ国民の自由と幸福を祝福するように願う祈りで始まります。自由の聖火を絶やさず、共和制という政府のモデルを成功させる使命がアメリカ国民の手にゆだねられた、とワシントンは語りかけました。ウィンスロップの「丘の上の町」の使命と責任を思い起こさせる言葉です。ワシントンはイエス・キリストには触れませんでした。この慣例が歴代の大統領に受け継がれていきました。

●リンカン暗殺はイエスの受難

アメリカの市民宗教は、奴隷解放をめぐる南北戦争時のリンカン大統領（在１８６１〜65）の暗殺で、死、犠牲、追悼、再生といった新たな宗教的次元を獲得しました。リンカンは「人民の人民による人民のための政治が地上から消えてなくならないように誓う」というゲティスバーグ演説で有名です。戦死者を追悼するゲティスバーグ国立墓地は、アメリカの市民宗教の神聖な記念碑です。

リンカンは殺される１か月あまり前の１８６５年３月４日、２回目の大統領就任式で、戦争に疲れた国民に、「誰に対しても悪意をいだかず、すべての人に慈愛をもって」、神が示した道を信じ、遺族や寡婦(かふ)、子供たちに手を差し伸べ、平和のために努力しよう、と語り掛けました。聖句のような言葉を含むこの演説は、アメリカの市民宗教の中で、新約聖書に擬せられる新たな聖典になりました。

リンカンは1863年10月3日、「感謝祭を行う旨の布告」を出しました。感謝祭の起源はピューリタンのプリマス植民地です。メイフラワー誓約で政治的共同体をつくった人々を待っていたのは川も凍り付くニューイングランドの厳しい冬でした。ほどなく約半数が死亡しました。先住民の助けでトウモロコシ栽培を始め、翌年秋に最初の収穫が得られました。インディアン約90人を招いて野生の七面鳥やシカの肉を振る舞いました。

ワシントンは1789年、この風習を全米の祝日としました。次いでリンカンが11月の最終木曜日を連邦の法定休日として制度化しました。リンカンは南北戦争で分断され傷ついたアメリカ人の心を癒やし、国民を再び統合したいと願ったのです。自由と神というアメリカの市民宗教のテーマが繰り返されています。

21世紀のアメリカ人も毎年11月末の感謝祭の日、家族で食卓を囲み七面鳥やパンプキンを食べ、アメリカ建国神話の起点であるプリマス植民地のピューリタンに思いをはせます。感謝祭は、父祖たちの労働と感謝を思い浮かべる市民宗教の祝日です。感謝祭にかかわる聖者たちは、建国神話の巡礼父祖、市民宗教のモーセであるワシントン、イエスであるリンカンです。感謝祭の歴史にピューリタンの宗教伝統に発するアメリカの市民宗教の流れを見ることができます。

●リベラル派も大好きなフロンティアの開拓者

ローズヴェルト米大統領は、1929年にウォール街の株価暴落で始まった大恐慌を受けて雇用、貧困対策「ニューディール」を打ち出しました。ニューディールは「大きな（連邦）政府」の財政出動による景気対策や所得再分配です。労働立法など国家の積極介入で社会的平等を目指すリベラル派の政策です。

イスラエルを建国したユダヤ民族主義のシオニスト主流派は、労働組合出身で社会民主主義的な思想を持つ人たちが中心でした。米民主党支持者とシオニスト主流派は、政治的な価値観、イデオロギーが似通っていました。アメリカのユダヤ人も大半が、他のマイノリティ（少数民族）集団と同様にローズヴェルトの民主党を支持しました。

アメリカのシオニスト運動を牽引（けんいん）したのはリベラル派のブランダイス弁護士でした。ブランダイスは民主党のウィルソン大統領によってユダヤ系初の連邦最高裁判所判事（在1

916～39）に任命され、ローズヴェルトが弱者保護のために立案した社会経済立法が保守派に批判された際、その合憲性を擁護しました。

ブランダイスはアメリカ社会に同化しユダヤ人からアメリカ人への「文化変容」を遂げていたエリートでした。当初はシオニズムに無関心でした。けれどもシオニズムの書物を読み進むうちに、自分のリベラルな価値観と共通するものを見出しました。シオニストの入植者は「ユダヤ人のピューリタン」に思えました。ブランダイスは「シオニズムはピルグリムのインスピレーションの再現だ」と述べ、アメリカの巡礼父祖の子孫であるアメリカ人がシオニストを「理解し同情するのは難しくない」と語っています。

アメリカの主流派であるキリスト教徒も、ユダヤ人のパレスチナ入植者に、アメリカ中西部を切り開いていった勇敢な開拓者（パイオニア）のイメージをだぶらせました。20世紀のアメリカは国民の大多数がキリスト教徒でした。パレスチナはイエスが福音を説き始めたガリラヤ湖畔や、十字架刑と復活の地エルサレムをはじめキリスト教の聖地が随所にあります。アメリカ人が故郷の小さな町（スモール・タウン）の教会や日曜学校で子供のころから親しんだ聖書物語の舞台です。

アメリカ人は「開拓者精神」（パイオニア・スピリット）が大好きです。先住民を駆逐していった白人キリスト教徒のアメリカ史が、シオニストを「遅れた原住民（アラブ人）」に「文明と進歩」をもたらすパイオニアとして理想化し、正当化しました。

●イスラエル政府の対米プロパガンダ

イスラエルの初代首相ベングリオンは、若いころロシア革命の指導者レーニンの強烈な個性と才能に強い印象を受けました。レーニンの後継者スターリンは、トルーマン米大統領と同様、ベングリオンが発したイスラエル独立宣言を直ちに承認しました。

イスラエルで「独立戦争」、パレスチナ人が「ナクバ」（大破局）と呼ぶ第一次中東戦争で、イスラエルがアラブ諸国軍の侵攻を跳ね返せた一因は、ソ連の衛星国チェコスロバキアからの武器支援でした。米外交史家ミードは、イスラエル国家が存続できたのはトルーマンの承認以上に、スターリンによる承認と支援が大きいと指摘しています。

ソ連が当初イスラエルを支援したのは、中東でのイギリスの影響力低下を狙ったからです。帝政ロシアと大英帝国の時代から、英露はユーラシア大陸の覇権をめぐって対立し「グレート・ゲーム」を繰り広げてきた大国同士です。旧イギリス委任統治領パレスチナにロシア語話者が主流で社会主義的なシオニストの国家が誕生すれば、ソ連の伝統的な南下政策に有利な地政学的状況が中東に生まれるのでは、との期待があったとみられます。

しかし戦争の結果、アラブ・イスラム諸国から追い出されたユダヤ難民・移民がイスラエルに押し寄せました。イスラエル社会が大量のユダヤ難民・移民を吸収するには、アメリカの経済力とアメリカのユダヤ人社会の支援が不可欠でした。

帝政ロシアでは反ユダヤ主義が荒れ狂っていました。ポグロム（ユダヤ人襲撃・迫害）が頻発しました。ソ連にもユダヤ人への偏見や差別は受け継がれました。シオニストの多くはロシアの文学や音楽の愛好者でしたが、ソ連の政治社会に幻想を抱いていませんでした。ベングリオンらシオニスト主流派は、共産党独裁のボルシェビズムを嫌い、アメリカの自由と民主主義、リベラル・デモクラシーを範（はん）としました。

イスラエルは国家の存続に欠かせない超大国アメリカの好意と支援を得るため、両国の建国物語の類似性を利用しました。ユダヤ人のパレスチナ入植は「出エジプト記」や米建国史と同じように、神に導かれ自由を求める物語、とするプロパガンダに力を入れました。国益のための「広報文化外交（パブリック・ディプロマシー）」です。

アラブ人が住むパレスチナを「無人の地」「未開の辺境（フロンティア）」と呼び、アメリカ中西部のフロンティアのイメージに結び付けました。シオニストの入植者をアメリカ人が大好きな米西部のフロンティア（辺境）の勇敢な開拓者のイメージにだぶらせました。アラブ人キリスト教徒の存在は黙殺しました。

●ユダヤ西部劇「栄光への脱出」

アメリカの大衆をターゲットにしたプロパガンダで圧倒的な成功を収めたのがベストセラー小説『エクソダス』（1958）です。

著者はユダヤ系アメリカ人の作家レオン・ユリス（1924～2003）。タイトルは旧約の「出エジプト記」そのもの。小説『エクソダス』は、1947年に地中海で起きたユダヤ難民船「SSエクソダス号」に対する英駆逐艦による拿捕事件を下敷きにしています。

実際に起きたこの難民船の航海自体が、国連でのパレスチナ問題をめぐる討議でユダヤ側を有利にするため在米シオニストが仕組んだプロパガンダ目的でした。パレスチナへのユダヤ移民を厳しく規制するイギリス政府の「非人道性」「残酷さ」を国際社会に訴えるのが目的でした。イギリス海軍が難民船を拿捕する際、乗員3人を射殺し、さらにホロコースト（ユダヤ人大量虐殺）の元凶ドイツに乗客の一部を送還する愚挙に出たため、国際的な非難が巻き起こりました。シオニストの目的は十分に達成されました。

ユリスはこの事件を素材に約600頁の活劇と恋愛の小説を書き上げました。アラブ人が多数派のイギリス委任統治領パレスチナに、ユダヤ国家イスラエルが建国されるに至る複雑な対立の歴史を、米ソ冷戦期のアメリカの大衆にわかりやすい単純な「善と悪」の図式で巧みに織り合わせました。ユダヤ人のシオニストが善、イギリス、アラブ人が悪です。アラブ人の悪を強調するため、ナチス・ドイツとパレスチナ人との関係を誇張しました。

欧米と中東の利害が複雑に絡み合った歴史を、ユリスはアメリカ人におなじみのフロンティアの西部劇や聖書の約束の地の物語に変え、イスラエルの建国神話を見事にアメリカ化しました。

『エクソダス』はイスラエル人のための小説ではありません。キリスト教が支配的なアメリカ人に、シオニズムを正当化し賛美する物語です。アメリカにはまだ反ユダヤ主義が根強く残っていました。アメリカに同化・順応したユダヤ人エリートは、「二重の忠誠」問題を引き起こしかねないシオニズムに違和感を持っていました。「ユダヤ人は共産主義者」という偏見も根強い時代でした。

ユリスのファースト・ネーム「レオン」は、ウクライナ出身のロシアの革命家レオン・トロツキーからです。トロツキーはスターリンとの権力闘争に敗れ、亡命先のメキシコで暗殺されました。命名したユリスの父親ウィリアムはベラルーシ生まれ。パレスチナで数か月過ごしましたが、理想化肌のマルクス主義者だった彼はシオニストの実践的でタフな活動についていけず、アメリカに移住しました。劣等感を背負ったユリスの人生は、アメリカ社会の反ユダヤ主義を克服し、理想を追うだけで現実社会での達成や成功と無縁だった父親の人生を超えていく闘いでした。

日本軍の真珠湾攻撃がユリスの人生を大きく変えました。ユリスは海兵隊に志願し、マーシャル諸島などでの日本軍との戦闘で、行動することの価値を見出しました。処女小説『バトル・クライ』（1953）は、ガダルカナル島で日本軍と戦うユダヤ系アメリカ人の超人的な活躍を描いた大衆小説で、大成功を収めました。有名な西部劇「OK牧場の決斗」（1957）の脚本を依頼され、さらに知名度を上げました。

ユリスは『エクソダス』で、正義感あふれるタフで強い男性シオニストをヒーローに据えました。ユダヤ人は弱々しい無抵抗の犠牲者というステレオタイプのイメージを一新したかったのです。物語は金髪、青い目のアメリカ人キリスト教徒の美女が、ポール・ニューマン演じるハンサムなシオニストのヒーローと結ばれ、美しい地中海平野のジャズリール渓谷（聖書のエズレル平野）で新生活を始めるハッピーエンドで幕を閉じます。

小説『エクソダス』は飛ぶように売れました。1960年にオットー・プレミンジャー監督が映画化し、3時間28分の大作は日本で「栄光への脱出」のタイトルで上映されました。イスラエル政府は、ユリスの小説執筆にもプレミンジャーの映画製作にも全面協力しました。現地調査のため8か月滞在したユリスには専属の外務省職員が常に付き添い、イスラエルの軍人、当局者、著名人との会見をセットしました。首相府長官や情報局長が小説の草稿に目を通しました。

イスラエル政府は、ウクライナ西部出身のプレミンジャー監督の気難しい性格を分析し、幼なじみに働きかけさせてイスラエルでの撮影を誘致しました。撮影のため、ハイファ港を丸一日閉鎖し、軍の基地を難民キャンプにつくり替え、テルアビブにエキストラ2万人を集めました。アメリカ人の俳優、製作関係者をもてなす晩餐(ばんさん)会が開かれました。政府の公式なシオニストの物語から外れないように働きかけました。監督は助言や提案の一部を受け入れ、脚本の改変は約20％に及びました。

●開拓者を賛美するオリエンタリズム

ニューヨーク大学の英文学教授だったパレスチナ人の批評家エドワード・サイード（1

935～2003）は2001年、世論調査に基づき、「アメリカ人のほとんどがパレスチナ人についてもイスラエルの軍事占領についても何も知らない」と批判しました。（『戦争とプロパガンダ』。初出エジプト紙アルアハラム）

サイードは「アメリカ人の考えに支配的な影響力を及ぼしている語りのモデルは、いまだにレオン・ユリスの小説『エクソダス』であるらしい」と指摘しています。「イスラエルのプロパガンダがあまりにも奏功（そうこう）してきた」ために、「パレスチナ人は自分自身の物語として理解されることがない」と嘆きました。

サイードは、東洋（オリエント、非西洋世界）を植民地主義的に再構成し、支配・管理するための知の様式を「オリエンタリズム」と名付けました。オリエンタリズムは現実性を欠いた観念で、想像力によって生産される、とサイードは説明します。東洋人は自分で自分を代表することができず、西洋人に代表してもらうしかない、と。

サイードはこうした文化・政治現象を「オリエントに関するヨーロッパ的表象」と呼びました。『エクソダス』はシオニストをアメリカの西部開拓者のイメージに重ねて賛美し、パレスチナ人を後進的で野蛮な非西洋人として描きました。このような物語を「パレスチナに関するシオニスト的、アメリカ的表象」と言い換えることもできるでしょう。

●アラブ人強制追放を検閲で削除

アメリカとイスラエルの建国物語でほとんど語られないのは、「約束の地」の先住民から土地を奪った負の歴史です。アメリカは、北米インディアン諸族、イスラエルは、パレスチナのアラブ人です。第一次中東戦争でパレスチナ・アラブ人が故郷を奪われ難民化していくプロセスは、アメリカの白人が先住民を駆逐していった歴史に似ています。

初代首相ベングリオンがアラブ住民の強制追放を命じたことはベニー・モリス、イラン・パペといった「新しい歴史家」と呼ばれるイスラエルの研究者が詳細に実証しています。追放には軍事力の行使や、過酷な逃避行による多くの死が伴いました。

当時、軍司令官だった後のラビン首相は、強制追放について回想録の草稿に、「心理的に最も困難な作戦だった。ロッド(旧アラブ名リッダ)の住民は自発的には町を出なかった。ヨルダン側までの10~15キロを行進させるには軍事力の行使を避けられなかった」と書きました。

この部分は1979年出版の回想録では検閲で削除されました。パレスチナ難民の発生原因を「アラブ側が勝手に算を乱して逃げ出した」とするイスラエルの主張と矛盾するからです。軍司令官が強制追放を暴露するのはタブーを破る行為でした。検閲委員長は「あなたが書いたことは本当だが、首相まで務めた英雄の口から語られてはならない。イスラエルが人道的に建国されたとする主張が崩れる」と言い渡したそうです。

英米の従軍記者らは、リッダの路上に「男女、子供の死体」が転がっていたと報じました。リッダの病院でジョージ・ハバシュという若いキリスト教徒のアラブ人医師が治療に当たっていました。ハバシュは20年後、パレスチナ解放機構（PLO）内の強硬派、パレスチナ解放人民戦線（PFLP）を創設します。1970年代に航空機のハイジャックや、後の「日本赤軍」のロッド空港乱射事件などを支援しました。

リッダの強制追放は、パレスチナ人の故郷喪失、難民化という歴史的な悲劇「ナクバ」の一幕です。当時、後にイスラエル領とされる地域の300前後の町や村で同じような事件が起きました。現代の用語でいえば「民族浄化（エスニック・クレンジング）」です。

ナクバは旧約「ヨシュア記」に書かれた古代イスラエル人による「約束の地」占領を連想させます。新生イスラエル軍によるパレスチナの領土獲得とアラブ人の殺傷・追放は、モーセの後継者であるヨシュアによる聖地の占領と先住民の虐殺を思い起こさせます。

ヨシュアはヨルダン川を東から渡河してユダヤ、サマリア地方（現在のヨルダン川西岸地域）に侵入し、ヨルダン渓谷のオアシスの町エリコをはじめ先住異民族の土地を武力で占領していきました。「ヨシュア記」は征服と殺戮の描写の連続です。例えば、8章「アイの滅亡」は次のように書かれています。

「こうして、イスラエルは追って来たアイの住民をことごとく野原や荒れ野で殺し、一人残らず剣にかけて倒した。その後、イスラエルの全軍はアイに引き返し、その町を剣をもって打った。その日、倒れたものは、男女合わせて一万二千人。すべてアイの人々であった。ヨシュアは、アイの住民を滅ぼし尽くすまで、投げ槍を差し伸べた手を元に戻さなかった」

モリスなどによると、第一次中東戦争が勃発する直前の1948年4月、エルサレム近郊のアラブ人の村デイル・ヤシンを、シオニスト右派（修正主義者）の武装組織イルグンと、イルグンから分かれた極右組織レヒ（別名シュテルン・ギャング）が攻撃し、子供や女性、老人を含む多数の村人を殺しました。一家全員の皆殺し、捕虜の処刑、親や兄弟姉妹が目の前で射殺されたとの生存者の証言がありました。少女がレイプされ殺されたと伝えられています。犠牲者数は245人、93人など諸説ありますが100～120人説が有力視され、うち約30人は乳児とみられるそうです。

アラブ住民は恐怖で浮足立ちました。町や村から避難民が続出しました。デイル・ヤシンはシオニストによるテロ、虐殺の象徴になりました。この事件の描写を読み返すと、2023年10月にガザ地区を支配するハマスなどの戦闘員が近郊のユダヤ人集落を襲撃した際の残忍さと、酷似（こくじ）しているように思われます。

4章　聖地の占領、福音派の台頭

●イスラエル支援が民主党から共和党主導へ

この章ではトルーマン以降の状況を見ていきます。イスラエル支援を主導する政党が民主党から共和党に移行したことが最大の変化です。これはキリスト教福音派が支持するレーガン大統領（在1981～89）任期中に明確となり、21世紀の現在に至っています。

トルーマンの後に就任した共和党のアイゼンハワー（在1953～61）は、イスラエルに冷たい米大統領として記憶されています。1956年の第二次中東戦争でイスラエル軍にシナイ半島からの撤兵を求め、有無をいわせず従わせました。イスラエルからの兵器供与の要請に応じませんでした。アイゼンハワーは第二次大戦のヨーロッパ戦線で連合国軍最高司令官だった「英雄」です。民主党からも大統領選への出馬を期待されたほど人気がありました。ユダヤ系の政治資金や票に依存する必要はありませんでした。

次の大統領になった民主党のケネディ（在1961～63）は、核兵器の拡散を懸念していました。イスラエルが南部ネゲブ砂漠ディモナで進める核開発をやめさせようと査察官受け入れを強く迫りました。イスラエルは巧妙な偽装工作による時間稼ぎで抵抗しました。ケネディは1963年11月に米テキサス州ダラスで暗殺され、イスラエルは核兵器の秘密開発に突き進みました。

ケネディとベングリオンが1961年5月、ニューヨークで会談した際、ケネディはユダヤ系の有権者や大口献金者に恩義と利用価値を感じていたことをうかがわせる発言を残しています。ケネディはベングリオンとの対決を避けました。ユダヤ系の票や資金が追及を鈍らせたように見えます。

ケネディ政権の副大統領から昇格したジョンソン（在1963～69）はベトナム戦争の泥沼にはまり込みました。幼少期にイエスの再臨や浸礼（しんれい）を強調するディサイプルズ教会に通いましたが、成人後は信仰にはあまり関心のないリベラルな市民宗教派だったようです。

1967年、エジプトのナセル大統領はイスラエルへの海上封鎖、ディモナ核施設上空への空軍機飛来など開戦間近とみられる挑発行動に乗り出し、イスラエル軍の奇襲攻撃で第三次中東戦争が起きました。イスラエルは広大な占領地を獲得します。ヨルダン支配下の通称「東エルサレム」を、ユダヤ人居住区の西エルサレムに直ちに併合しました。ジョンソンの働きかけで、国連安保理決議はイスラエル国家の生存権を認め、全面的な占領地撤退を必ずしも求めていないと解釈できる文言になりました。

●1967年の聖地占領を「奇蹟」と歓喜

イスラエルの建国は、世俗的な政治的シオニストが主導しました。ユダヤ教正統派などの「宗教シオニスト」は脇役でした。イスラエルが東エルサレム旧市街の「神殿の丘」や、聖書で「ユダヤ、サマリア」と呼ばれるヨルダン川西岸を占領すると、正統派は「奇蹟」だと勢いづき、西岸やガザ、シナイ半島など占領地への入植を強引に進めました。

「メシア（救世主）的シオニズム」を信奉する極右の宗教シオニストは1974年、入植推進団体「グシュ・エムニム」を立ち上げました。強硬派の入植者を中心に1980年代、ニューヨーク生まれのラビ（ユダヤ教指導者）メイル・カハネ師が創設した極右政党カハの影響が広がります。2022年末に発足したネタニヤフ政権の極右ベングビール国家治安相はカハの系譜です。

第三次中東戦争でのイスラエルの電撃的勝利は、アメリカのキリスト教福音派も歓喜させました。福音派は、神がユダヤ人に聖地の支配を約束したという「創世記」のアブラハム契約を信じます。中でも、聖書の言葉を文字通りに受け取る原理主義的な人々は、神の計画の中で選民ユダヤ人は特別の役割を担い、ユダヤ人の聖地帰還が救世主イエスの再臨、世界の終末、善と悪の最終戦争ハルマゲドン、神の千年王国（ミレニアム）出現の予兆と考えます。

イスラエルの聖地占領で、福音派は聖書預言の正しさを確信しました。高学歴が多いキリスト教主流派（メインライン）から馬鹿にされてきたけれど、自分たちの神学は間違っていない、と自信を得ました。福音派の影響力拡大に弾みが付き、共和党が米中南部の保守的な白人を民主党から奪う原動力になりました。福音派は、共和党のニクソン大統領（在1969〜74）、民主党でも南部出身の福音派カーター大統領（在1977〜81）、楽天的な性格で高支持率を誇った共和党の福音派レーガン大統領（在1981〜89）らの政権を支えました。

福音派の政治的台頭は、プロテスタント主流派だったリベラル神学の信徒が急減し、日陰者扱いされていた福音派が急増した数の優勢に伴う現象です。福音派が新・主流派になりました。戦後アメリカ社会の大変化です。

アメリカ社会の保守化の一因として、宗教社会学者ロバート・パットナムは、1960年代の対抗文化（カウンター・カルチャー）運動による社会規範の乱れへの反動を指摘しました。英政治学者エドマンド・バークの『フランス革命の省察』が保守主義の古典とされるように、保守派はロマンチックな革命主義に反発し、頭でっかちの理想主義や急進主義を懐疑的に見ます。アメリカの南部や中西部には、理想世界を夢見る若い男女を苦々しい思いで見ていた「サイレント・マジョリティ」（声なき大多数、物いわぬ一般大衆）がいたわけです。この言葉を有名にしたのは民主党から政権を奪還したニクソンです。

ケネディ大統領の弟で民主党の期待の星ロバート・ケネディ候補は選挙戦の最中、イスラエルが聖地を占領した1年後の1968年6月、エルサレム生まれのパレスチナ人青年に射殺されました。

●「近代主義」対「原理主義」

現代の福音派は「ファンダメンタリスト」（原理主義者、根本主義者）と呼ばれた19世紀後半以降の宗教右派の流れを汲んでいます。原理主義（ファンダメンタリズム）という言葉は「イスラム原理主義」で耳にしますが、これはキリスト教原理主義からの転用です。福音派は神学的に穏健な人々を含む広義の概念です。原理主義者はより強硬な保守派です。原理主義者も福音派も「創世記」の天地創造と矛盾するダーウィンの進化論など自然科学や近代合理主義を受け入れたリベラルな神学者と対立しました。

聖書学の分野では19世紀ドイツで、聖書のテキストを神聖視しない「高等批評」と呼ばれる実証的な研究が盛んになりました。こうした自由主義的な神学を受容し、文字通りの聖書解釈を放棄した人々が「近代主義者（モダニスト）」「リベラル派」「主流派」と呼ばれました。

原理主義的な福音派は、聖書には間違いが一切ないとする「聖書の無謬性（むびゅう）」を信じます。原理主義者は伝統的、正統的なキリスト教プロテスタント信仰の根本原則を守り、リベラル神学の浸透を阻止する人々です。米北部大都市のエリート層を中心とするモダニストと真っ向から対立し、「近代主義」対「原理主義」の神学論争を繰り広げました。

原理主義的な福音派は19世紀前半、大きな存在感を持っていましたが、南北戦争の敗戦後、南部諸州は近代化、産業化が進む北部に対して閉鎖的になり、保守化しました。「ヤンキー」（北部人）中心のリベラル神学を敵視し、北部から流入する世俗的な近代主義を、伝統的キリスト教への脅威と見て、正統的な保守的神学を唱え対抗しました。

原理主義者は、旧約「ダニエル書」や新約「ヨハネの黙示録」などの聖書預言に神の摂理、世界史の計画、未来の預言が黙示されていると信じます。死から復活した救世主（メシア）イエスがこの世界の「終わりの時」に雲に乗ってエルサレムに再臨する、と考えます。再臨は英語でセカンド・カミングといいます。イスラエル北部で善と悪の最終戦争ハルマゲドンが戦われます。イエスの天の軍団が勝利し、エルサレムに、神が支配する千年王国が出現するのです。

１８４３年初め、ボストンのミラー牧師は「ダニエル書」に基づくとして同年3月21日からの1年間にイエスが再臨すると預言し、多くの再臨待望の信者を集め「ミラー運動」と呼ばれる社会現象になりました。中西部やイギリスにも広まりました。再臨は起こらずミラー説の信奉者はあざけりの的になりましたが、信者の多くは預言の正しさへの確信をかえって強めたそうです。

ミラー運動を研究した社会心理学者フェスティンガーは１９５０年代、人間は信仰を含む自分の認知と矛盾する事実に直面すると「認知的不協和」を生じ、不協和を増やす情報を避ける行動をするという理論を提唱しました。トランプ前大統領の岩盤支持者が、選挙結果の不正はなかったという証拠をいくら突き付けられても断固として自説を変えない行動などを理解する際、参考になりそうです。

●原理主義的福音派の大物ムーディ

19世紀後半のアメリカで原理主義的な福音派の中心人物が福音伝道者ドワイト・ムーディ（1837〜99）です。ムーディは南北戦争後のシカゴを拠点に活動し、ロンドンでも人気を博しました。ファースト・ネームがアイゼンハワー大統領と同じドワイトなのは、大統領の両親が原理主義的宗派の熱心な信者で、ムーディを尊敬していたからです。

アメリカの歴史では、信仰復興運動（リバイバリズム）と呼ばれるキリスト教宣教の大衆的ブームがしばしば起きてきました。18世紀前半、北東部マサチューセッツ州などを震源に、神学者ジョナサン・エドワーズ（1703〜58）やイギリスの福音伝道者ジョージ・ホイットフィールド（1714〜70）を中心に、神学の知識より個人の回心体験を重視する第一次信仰復興運動が起きました。後に「大覚醒（だいかくせい）」と呼ばれます。

死後の救いを切実に求める大衆が、神学校として設立された名門ハーバード大学などを出たインテリ牧師の難しい説教に不満を募らせたことが背景にありました。大覚醒は、北米イギリス植民地人の一体感を醸成し、アメリカ独立革命を準備した、といわれます。

19世紀前半に南部や中西部で広がった第二次リバイバリズムは、社会運動と結びつき黒人奴隷制の廃止運動を推進しました。ムーディは第三次リバイバリズムの立役者です。YMCA会長を務めたムーディが説く素朴な聖書信仰は、産業化、都市化が進行した19世紀後半、不安を覚える大衆に広く受け入れられました。

ムーディはイギリスの原理主義的な宣教者ジョン・ネルソン・ダービー（1800～82）を歓迎し、「ディスペンセーション主義」と呼ばれるダービーの聖書預言、終末論が福音派の間に広まりました。ムーディはダービー説に基づく聖書の注解書を出版したサイラス・スコフィールド（1843～1921）も引き立てました。

20世紀以降の福音派は、スコフィールドの原理主義的な聖書注解を学びます。ムーディの元から多くの福音派指導者や預言作家が育っていきました。福音宣教を宗教ビジネスとして成功させた点でも、メガチャーチ（巨大教会）で説教する20世紀後半以降のテレヴァンジェリスト（テレビ伝道者）の先駆けです。福音派の勢力拡大には、キリスト教信仰が現世の成功をもたらすと説く「成功（繁栄）の福音」も寄与しました。

●大衆文化に広がるダービーの終末論

ダービーの終末論の特徴は、天から再臨する救世主イエスと、敬虔なキリスト教徒が復活した死者と共に空中で出会う至福の体験「ラプチャー」です。ラプチャーは恍惚、狂喜が原義で、キリスト教神学では「携挙」と訳されることがあります。

ラプチャーの典拠は新約の「テサロニケの信徒への手紙 一」4章の、「合図の号令と、大天使の声と、神のラッパが鳴り響くと、主ご自身が天から降って来られます。すると、キリストにあって死んだ人たちがまず復活し、続いて生き残っている私たちが、彼らと共に雲に包まれて引き上げられ、空中で主と出会います」とされています。ラプチャーから着想したニコラス・ケイジ主演の米映画「レフト・ビハインド」（2014）では、ショッピングモールや教会、自動車や旅客機の中から人々が突然、姿を消します。消えたのは神に選ばれた人々で、選ばれなかった人々は「レフト・ビハインド」（取り残された人々）と呼ばれます。信心深さが足りなかったか、運のなかったキリスト教徒、異教徒や世俗的な無神論者などです。運転手が消えた自動車が事故を起こし、パイロットが消えた飛行機が墜落します。

映画は駄作と酷評されましたが、原作の『レフト・ビハインド』シリーズ16巻（199

5〜2007）は日本語を含め世界各国で翻訳され、計約6500万部も売れたそうです。商業的な大成功を収めた黙示的終末論の本では、ハル・リンゼイの『今は亡き偉大な惑星地球』（1970）が有名です。全米のスーパーマーケットの書店で飛ぶように売れたといわれ、1990年までの20年間に2800万部に達しました。

聖書預言や終末論は、福音派教会の説教やケーブルテレビ、書籍、映画、ビデオなどで大衆文化やサブカルチャーに浸透しました。日本のアニメやゲームで「エヴァンジェリカル」「アポカリプス」「ハルマゲドン」「ミレニアム」といった言葉を見聞きするのはその影響が一因でしょう。本来はイスラエルがドラマの主な舞台です。イスラエルへの興味をかき立て、米外交に影響する世論の構成要素になります。

聖書預言の作家たちは第二次大戦後、善と悪の最終決戦ハルマゲドンを米ソの核戦争のイメージと重ねました。広島、長崎への原爆投下は黙示的な世界の終末の序曲と解釈されました。ハルマゲドンは、イスラエル北部の古戦場メギドの丘（ハル）です。近くを国道が通りガソリンスタンドがある何の変哲もない場所ですが、黙示的想像力によって巨大な神学的、思想的意味を帯びています。

預言作家たちはそのときどきの国際情勢を聖書のテキストに当てはめて解釈し、大衆の関心を引き、商業的な成功も収めます。「ヨハネの黙示録」16章の「ハルマゲドン」の少し手前にある「日の昇る方角（東方）からやって来る王たち」は戦前、大日本帝国の台頭や侵略、中国人・日本人など「モンゴロイドの大集団」による西洋文明への脅威「黄禍」と結び付けて解釈されました。聖書預言の悪役は冷戦中のソ連、９・１１同時テロ後のイスラム過激派へと移り変わっていきました。英スパイ映画「００７」シリーズや米の「ランボー」シリーズの敵役の変遷と似ています。

●「置換神学」と「契約神学」、「後千年王国」と「前千年王国」

プロテスタントの主流派やローマ・カトリック教会は、ダービー説を下敷きにした終末のドラマを原理主義者のファンタジーとみなします。でも終末論そのものは、福音書のイエスの言葉に刻まれており、隣人愛の教えと共にキリスト教の基本思想です。原理主義的な福音派の終末論は、ユダヤ人の役割を重視するのが特徴です。

カトリックの神学では、ユダヤ人は神の選民だったけれども、救世主イエスを拒んだことで神との古い契約（旧約）を取り消され、代わってカトリック教会がイスラエルの後継者として神の契約の新たな対象に置き換わったと考えます。この思想は「置換神学」と呼ばれることがあります。

これに対して、ローマ教皇に宗教改革を突き付けたプロテスタントの中に、神とユダヤ人の契約は取り消されていない、神の救済計画の中で選民ユダヤ人は引き続き重要な役割を果たすと考える人々が現れます。神とユダヤ人の契約の継続を強調するキリスト教神学は、教会を重視する置換神学に対して「契約神学」と呼ばれることがあります。

この契約神学は、新約のパウロ書簡「ローマの信徒への手紙」11章の、「神はご自分の民を退けられたのであろうか。決してそうではない。私もイスラエル人で、アブラハムの子孫で、ベニヤミン族の者です。神は、あらかじめ知っておられたご自分の民を退けたりなさいませんでした」「彼らも、不信仰にとどまらないならば、接ぎ木されるでしょう」などが典拠とされます。この神学では、イエスの来臨や救いの業と、離散したユダヤ人の聖地帰還を関係付けます。ユダヤ人の聖地帰還を待望するキリスト教シオニズムが現れるのは自然な成り行きだったでしょう。

キリスト教シオニズムの源流をたどると、『イスラエルの救いの神秘』の著者でイギリス北米植民地時代にハーバード大学学長を務めたインクリース・マザー（１６３９〜１７

23）がいます。さらにさかのぼると、12世紀イタリアの聖職者フィオーレのヨアキム（1135〜1202）の名前が挙がります。エルサレムをイスラム教徒から奪還することを目指した十字軍によって聖地への関心が高まった時代の人です。ヨアキムも聖地巡礼に赴きました。ヨアキムは神の計画の第3段階でユダヤ教徒が聖地に帰還してキリストに改宗すると説きました。ヨアキム説はやがてカトリック教会から異端とされました。

イエスに背いたユダヤ人は神との契約を取り消され、教会が「新しいイスラエル」に置き換わったとする置換神学は、ホロコースト後、特に1960年代に、反ユダヤ主義の原因ではないかと精査されました。契約神学は伝統的な見解から大変革です。福音派の神学がユダヤ・キリスト教関係を活発化させ、イスラエルへの政治的義務を生じさせました。英米社会に浸透したキリスト教シオニズムは「アメリカ・イスラエル広報委員会（AIPAC）」をはじめとする親ユダヤ・イスラエルのロビー団体が、アメリカ社会で影響力を発揮するのを容易にする環境をつくりました。

ダービーの終末論は、イエス・キリストが千年王国出現の前に聖地エルサレムへ再臨することから「前千年王国」説（プレ・ミレニアリズム）と呼ばれます。

前千年王国説では、不正義と腐敗に満ちたこの世界が破局的な終末を迎える前に救世主がやってきます。不信仰者、無神論者、世俗的なエリートが支配するこの世界は確実に破局を迎える、と考える点で宿命的、悲観的な神学思想です。

これに対し、キリスト教徒が主導する人類社会の進歩の到達点として千年王国が実現し、その後で救い主イエスが再臨すると考える思想を「後千年王国」説（ポスト・ミレニアリズム）と呼びます。この神学思想は、社会の進歩に楽観的なリベラル派の政治思想と重なります。

前千年王国説を取るダービーの終末論は、近代主義者に反発するキリスト教原理主義者の思想と合流し、アメリカのキリスト教会で支配的だった進歩主義的な後千年王国説のリベラリズムに取って代わる歴史哲学を提供しました。

●原理主義はモンキー裁判で退潮、グラハム師で復活

原理主義者は、進化論教育の是非が問われた1925年の「スコープス裁判（俗称モンキー裁判）」で、「南部の無知な田舎者」の汚名を着せられて一気に退潮しました。第二次大戦後、原理主義者を自称しながらも穏健な「新福音主義」を説くビリー・グラハム（1918〜2018）の登場で息を吹き返しました。

裁判の発端は、南部テネシー州議会が進化論を公立校で教えることを禁じる州法を成立させたことでした。米市民自由連合（ACLU）は、州法で訴追された被告人を弁護して争う機会を探していました。小都市デイトンの若い生物教師ジョン・スコープスがACLUの説得に応じて進化論を教え、逮捕されました。

州法成立に尽力したウィリアム・ジェニングス・ブライアン元国務長官は検察側に立ち、進化論否定の弁論をおこないました。大統領選挙に3回も出馬した大物政治家です。スコープスは有罪判決を受けて罰金刑を科され、裁判は原理主義側が勝利しました。

しかしブライアンは、被告側のやり手弁護士の罠にはまりました。天地創造説の矛盾を突く鋭い質問を浴びせられ四苦八苦するブライアンの様子が、全米にラジオ中継されました。裁判には勝ちましたが、ブライアンは新聞紙上で笑いものにされ、原理主義者は、全米メディアから「無教養」「時代遅れ」の烙印(らくいん)を押されました。ブライアンは名誉挽回の反論を準備し始めましたが、裁判の5日後、急死します。論争で負け、汚名を着せられたことによる憤死と受け取られ、敗北は決定的になりました。

原理主義的な福音派は裁判後、表舞台から退き冬眠状態に入ります。リベラル神学が戦間期アメリカの主流派として支配的な影響力を持ちました。けれどもシカゴのムーディ聖書研究所などを拠点に、福音派の保守的な神学思想の研究や伝道は続き、戦後の福音伝道者グラハムが全米のみならず全世界的な有名人となる道を準備しました。

グラハムはリベラル派にも受け入れられ「ホワイトハウス付き牧師」と呼ばれるほど歴代米大統領に影響力を持ちました。アイゼンハワーから、カトリックのケネディを除き、ジョンソン、ニクソン、フォード、カーター、レーガン、ブッシュ（父）、クリントン、ブッシュ（子）まで9人もの大統領の「霊的教師」とされ、大統領就任式などの祈禱を務めました。長く非主流派だった福音派が1970年代後半からリベラルな主流派を逆転して新主流派になるのに、グラハムは極めて大きな役割を果たしました。

●ブライアンの原理主義は反「社会進化論」「優生思想」

ブライアンはモンキー裁判で恥をかいたことで記憶されがちですが、社会的弱者への同情心に富んだリベラルな政治家でした。進歩的、楽観的、後千年王国的なキリスト教信条を持ち、巨大企業の独占禁止、労働条件の改善、婦人参政権、平和と軍縮の推進などに取り組みました。米西戦争後のフィリピン併合に反対しました。ウィルソン民主党政権の国務長官を、大統領の外交政策が第一次大戦参戦につながると抗議して辞任しました。

ブライアンが原理主義に接近したのは世界大戦のすさまじい破壊で、楽観的な世界観が崩壊したからです。リベラル神学による世俗化、キリスト教倫理の喪失が危機をもたらしていると考えました。特に、大戦の原因とされたドイツの軍国主義は、社会進化論（社会的ダーウィニズム）の影響だと考えました。生物学におけるダーウィンの自然選択と適者生存の概念を、社会や歴史に応用した思想です。やがて台頭するヒトラーのナチスが、社会進化論の優生思想による「安楽死」名目での障害者大量殺人からホロコーストへ進んでいった歴史を見れば、ブライアンの問題意識は鋭かったといえます。

適者生存の社会思想は、敵対心や闘争心を煽（あお）り、弱者への同情や共感を消し去ってしまう――。そう考えたブライアンは、社会的ダーウィニズムを主敵と定めました。子供たちの心に悪い影響を及ぼす進化論教育と戦う福音派の十字軍戦士になりました。

北部の新聞に笑いものにされ憤死したブライアンを、愚かな原理主義者、頑迷な保守主義者のレッテルを貼って片づけてしまうのは公平でないように思われます。福音派とリベラル派、原理主義者と近代主義者の対立の背景には、神学上の内在的な相違だけではなく、アメリカの南部と北部の歴史的な反目があることもうかがわせます。

●ユダヤ系キッシンジャー長官、福音派カーター大統領

1969年に発足した共和党のニクソン政権で、現実主義（リアリズム）の国際政治学者、ハーバード大学教授キッシンジャーが就任しました。ドイツ出身のユダヤ系移民です。ニクソンはメイヤ・イスラエル首相との首脳会談で、イスラエルが核実験をせず、核兵器保有を公式に認めない、との条件で、イスラエルの核兵器保有を黙認したとみられています。

このころパレスチナ解放機構（PLO）のアラファト議長が国際舞台に登場します。PLOはイスラエル国家の生存権を認めた国連安保理決議242を拒否してイスラエルへの越境攻撃を繰り返しました。PLO内で、マルクス・レーニン主義の影響を受けた非主流派のパレスチナ解放人民戦線（PFLP）が旅客機乗っ取りなど派手なテロ事件で世界の注目を集めました。PFLPの支援を受け、日本人3人が1972年5月、イスラエルのロッド空港（現ベングリオン国際空港）で銃を乱射し、無関係なプエルトリコからの聖地巡礼者ら21人を含む乗客27人を殺害する事件も起きました（マーティン・ギルバード『イスラエル全史』）。

エジプトのサダト大統領は1973年10月、シリアのアサド大統領（父）と共にイスラエルを奇襲攻撃し第四次中東戦争が勃発しました。車の通行もテレビも丸一日止まる年に

一度のユダヤ教の祝祭日「ヨムキプール（贖罪の日）」を狙いました。

開戦直前、自ら進んでイスラエルのスパイになっていたナセル前大統領の娘婿から、奇襲攻撃の確かな情報がメイヤ首相に届きました。しかしアメリカから、イスラエルが機先を制して攻撃に踏み切ったら、開戦後の兵器供与や外交交渉で十分な支援はできないとクギを刺され、攻撃開始後に反撃する方針を甘受します。

ニクソン政権はイスラエルに軍事物資を緊急空輸し、巨額の緊急支援を議会に要請しました。アラブ諸国は反発し、原油輸出の削減や欧米諸国への禁輸措置に踏み切りました。原油価格は戦争前の約４倍に高騰しました。イスラエルはシナイ半島でエジプト軍と、ゴラン高原でシリア軍と壮絶な戦車戦を繰り広げ、双方とも多大な犠牲と損害を出しました。米ソの仲介で10月24日までに停戦合意が成立しました。第四次中東戦争は、日本人の記憶には「石油ショック」として刻まれました。

サダトは１９７７年、電撃的にイスラエルを訪問します。敵国の大統領が空港に降り立つ信じがたい光景です。サダトは国会で和平を望む演説をして、イスラエル人を驚かせました。当時の映像を見ると、感動で涙ぐむ人々の姿が映っています。

ニクソンがウォーターゲート事件で辞任し、副大統領フォードが昇格して共和党政権を維持します。そのフォードから民主党のカーターが政権を奪いました。カーターは南部出身の福音派です。１９７８年、大統領山荘にサダトとイスラエルの右派ベギン首相を13日間も缶詰にして歴史的な「キャンプ・デービッド和平合意」を達成しました。サダトとベギンはノーベル平和賞を受賞し、両国は１９７９年、平和条約を締結しました。アラブ連盟はエジプトを除名し、サダトは１９８１年10月6日、第四次中東戦争の開戦を記念する軍事パレード中に、イスラム過激派に暗殺されました。

カーター政権の末期、中東の地域大国イランで親米のパーレビ王制が崩壊し、イスラム教シーア派の反米・反シオニスト政権が樹立されました。アメリカやイスラエルにとっては大打撃で、中東情勢を複雑化し現在に至っています。

●福音派レーガンのキリスト教シオニズム

共和党のロナルド・レーガンは１９８０年11月の大統領選挙でカーターを大差で破りました。福音派ジェリー・ファルウェル師の「モラル・マジョリティ」（道徳的多数派）から支援を受けました。福音派は、人工妊娠中絶を連邦レベルで合法化した１９７３年最高裁の「ロー対ウェイド」判決に反発していました。胎児も「神が授けた命」と考え、中絶は女性の身体のコントロール権だとするリベラル派の主張を認めず、殺人と見なします。聖書から男性優位の保守的な「家族の価値」を引き出し同性婚に反対しました。

レーガンは母親の影響で幼少期に原理主義的なキリスト教教育を受けた福音派信者でした。聖書預言や終末論に強い関心を持ち、ユダヤ人の聖地再集住を支援するキリスト教シオニストでした。ホロコーストを防げなかったことに道義的責任を感じ、イスラエルの安全保障を重視しました。自伝に「私は人生で多くのことを信じてきたが、アメリカはイスラエルの生存を保障しなければならない、という信念よりも強いものはない」「文明世界はヒトラーの狂気の最大の犠牲者に負債がある」と記しています。

イスラエルでは第三次中東戦争後、併合した東エルサレムのユダヤ化が急速に進みます。右派の大イスラエル主義者は占領地への入植を推進し、既成事実を積み上げていきました。イスラエル社会全体が右傾化しました。シオニスト主流派が退潮し、右派修正主義者の力が増していきます。１９７７年6月、建国前に反英武装組織イルグンの司令官だった右派政党リクードのベギン党首が首相になりました。

建国以来権力の座にあった中道左派の労働党から右派リクードが政権を奪取し、政治構造が大きく変化しました。リクードの支持基盤は、中東系ユダヤ人「セファルディ」です。

リクード支持者はイスラエル社会の支配層だった教育・所得水準の高いヨーロッパ系ユダヤ人「アシュケナジ」主体のリベラル派に不満を持っていました。

共和党のレーガン、リクードのベギンが権力を握り、両国の「特別の関係」の担い手は共に、当初の世俗的リベラルから保守派や宗教勢力に移行しました。しかしレーガンはアメリカの国益を時に無視するユダヤ民族主義者ベギンの一方的な政策に悩まされます。

●右派ベギン首相のイラク原子炉空爆

ベギン首相は、アメリカの福音派の中に、親イスラエル、親リクードのキリスト教シオニストの団体や個人が多いことに着目し、厚遇しました。首相は在米イスラエル・ロビーや福音派との良好な関係を背景に連邦議会に影響力を持ちました。

ベギンは１９８０年7月、東エルサレムを含むエルサレム全体を首都と宣言する「エルサレム基本法」を成立させました。国連安全保障理事会は8月、国際法違反と非難する決議４７８を採択しました。棄権したアメリカを除く全14か国が非難決議に賛成しました。安保理決議に従って13か国の大使館がエルサレムから市外に移転しました。ベギン政権の苦境を救おうと、ベギンが3年前に心臓発作を起こして入院した際の主治医で米福音派のサムエルズ博士は「在エルサレム国際キリスト教大使館」（ＩＣＥＪ）設立に尽力しました。ＩＣＥＪは現在も最有力のキリスト教シオニスト組織のひとつです。

１９８１年6月7日夕、イスラエル南端のエツィオン基地から空軍機の編隊が飛び立ちました。目的は、イラクの首都バグダッド南方約１００キロのトワイサ原子力センター内にある通称オシラク原子炉の破壊です。

レーダーを避けるため超低空飛行でアカバ湾上空を飛び、サウジアラビア領空を侵犯し、原子炉上空付近で対空砲火に遭遇しました。８機のＦ‐16戦闘機は高度約１５００メートルまで急上昇し、その後急降下しながら80秒間に計16発の爆弾を投下、うち14発が原子炉を直撃し完全に破壊しました。空爆後は高度１万２０００メートルの脱出ルートを飛び、出撃の約2時間40分後、エツィオン基地に帰還しました。

首相官邸に詰めて作戦の成否を見守っていた閣僚らは喝采（かっさい）し、ベギンは駐イスラエル米大使に空爆作戦の実施を伝えました。

イスラエルは翌8日、声明で「オシラク原子炉は原爆製造が目的で標的はイスラエル。規模は広島型原爆と同程度」と説明し、「敵の大量破壊兵器（ＷＭＤ）開発は許さない。イスラエル市民を守るためにはどんな手段をも用いる」という「ベギン・ドクトリン」を一方的に世界に宣言しました。

レーガン政権は「防衛目的のみ」との条件で供与したF-16戦闘機が事前通告すらなくイラクの原子炉空爆に使われたことに強い不快感を示しました。国連安保理は6月19日、「国連憲章の明白な違反」と非難する決議487を採択しました。レーガン政権も棄権せずに賛成しました。空爆3週間後の6月30日におこなわれた総選挙で、リクードは前回より5議席増の48議席を得る勝利を収めました。

私はイラク戦争開戦目前の2002年秋、国連査察団に同行しトワイサ原子力センターに入りました。敵の攻撃を阻むため広大な敷地の周りを高い土塁が囲み、火山のクレーターの中にいるようでした。「オペラ作戦」と呼ばれるこの空爆に参加した最年少パイロット、イラン・ラモンは後年、イスラエル人として初の米スペースシャトル乗員に選抜され、2003年2月のコロンビア空中分解事故で死亡しました。

●レーガンのイスラエル同盟確立

ベギン首相は1981年12月14日、第三次中東戦争でシリアから占領したゴラン高原を併合しました。またも国際世論を憤然とさせる一方的行動で、国連安保理は12月17日、イスラエルを非難する決議497を採択しました。アメリカを含む15理事国すべてが賛成しました。レーガン政権はF-16戦闘機のイスラエルへの供与再開を予定していましたが、船積みを中止しました。ベギン首相は駐イスラエル大使を呼びつけ、「イスラエルはアメリカの属国なのか?」「アメリカは民間人の犠牲についてわれわれに説教をする権利はない」と怒りをぶちまける声明を渡しました。

ベギンがレバノン侵攻失敗の責任を問われ1983年4月に退陣した後、後継のシャミル首相は同年11月の訪米時にレーガンと「合同政治軍事グループ」設置を発表しました。両国の戦略的協力関係は、軍事研究開発、防衛産業間の相互調達、情報機関の連携強化に広がり、アメリカの対イスラエル軍事・経済支援の飛躍的な増加をもたらします。レーガンはベギンのイラク原子炉空爆や無謀なレバノン戦争に悩まされながら、1987年には非NATO(北大西洋条約機構)主要同盟国(MNNA)に指定し、米イスラエル同盟を確立しました。

5章 反和平派の勝利、トランプのタブー破り

●冷戦終結、中東和平、右傾化

ベルリンの壁が1989年11月、崩壊しました。冷戦の終結を象徴する出来事でした。人々の流れは共産主義を掲げる「東」から、自由主義を掲げる「西」へ向かいました。世界中の人々が平和な繁栄の時代がやってくると歓びました。

それから35年。ヨーロッパと中東で大きな戦争が起き、東アジアで緊張が高まる今の国際情勢を予測できた人は、当時ひとりもいなかったでしょう。

私は1990年に外信記者の仕事を始めました。取材した主な大事件は、①ペルシャ湾岸危機・戦争（1990~91）、②ソ連崩壊、ウクライナ独立（1991）、③中東和平プ

	和平派 〈権力闘争〉	反和平派
イスラエル	シオニスト主流派 労働党　アラブ政党 ペレス　ラビン バラク	シオニスト修正主義 右派リクード　極右 ネタニヤフ シャロン
パレスチナ	自治政府ファタハ(西岸) アッバス議長 アラファト議長	イスラム主義組織ハマス(ガザ) 「イスラム聖戦」
国際社会	米民主党・共和党 国連、欧州連合(EU) 日本、ヨルダン、エジプト サウジアラビア	イラン、フーシ派、ヒズボラ

「和平派」は西岸・ガザを領土とし、イスラエルと共存するパレスチナ国家樹立による紛争解決を目指す。「2国家案」を支持。「反和平派」はパレスチナ独立を認めないイスラエル右派や「イスラエル破壊」「パレスチナ解放」を掲げるイランやハマスなど。

ロセス（1991～2003）、④9・11米同時テロと米英のアフガニスタン、イラク侵攻・占領（2001～03）などです。

1990年代は、米民主党のクリントン大統領による中東和平プロセスの前進と、挫折です。21世紀は、イスラム聖戦主義組織アルカイダによる9・11対米同時テロで幕を開けました。ブッシュ（子）共和党政権の「対テロ戦争」「アメリカのイスラエル化」、イスラエルとパレスチナ双方での和平派の後退と反和平派、強硬派の権力掌握が基本構図です。

2009年にオバマ米大統領とネタニヤフ・イスラエル首相が登場した後は、現在と地続きです。イラク戦争反対で注目され当選したオバマは中東からの撤退方針を打ち出しました。イスラエルでは筋金入りの反和平派ネタニヤフが長期政権を敷きました。オバマ外交を否定するトランプ、トランプを否定するバイデンと米大統領は代わりましたが、アメリカの中東関与の縮小とイスラエルの右傾化が基本的な流れです。

イスラエルでは中道左派の労働党を中心とする和平派が後退しました。米民主党のリベラル派は、右傾化するイスラエルへの批判の度を強め、共和党は異例の親イスラエル政策に踏み込み、二極化が進みました。

パレスチナ側でも、自爆テロで人気を集めたイスラム主義組織ハマスが2007年、和平派のパレスチナ解放機構（PLO）主流派ファタハをガザ地区から武力で追い出し、強権支配を確立しました。ファタハは欧米や穏健アラブ諸国、日本が支援するパレスチナ自治政府の主体です。ヨルダン川西岸ラマラが拠点のアッバス自治政府議長は、ネタニヤフ政権やトランプ政権から冷遇されて弱体化し、パレスチナ人からの支持が低下しました。

ネタニヤフ政権は、和平派の自治政府を牽制（けんせい）するため、武闘派ハマスを温存する政策を取りました。国際社会が支援する自治政府にはパレスチナ独立国家を樹立する潜在力があります。イスラエル右派にとって真の脅威です。一方ハマスは「イスラエル破壊」という達成困難な目標を掲げ、ロケットやテロによる攻撃をときどき仕掛けてくる程度。イスラエル国家をほんとうに脅(おびや)かす力はない、と見ていました。

ネタニヤフの基本方針は、半世紀に及ぶ軍事占領と占領地での入植地拡大から世界の目をそらし、パレスチナ国家独立の芽をつぶすことです。ネタニヤフは一貫してイランの核兵器開発疑惑の重大性を強調しました。イスラム教シーア派の「革命政権」が支配するイランは、シリアのアサド政権やレバノンのシーア派武装組織ヒズボラ（神の党）、ガザのハマスなどイスラエルを敵視する「抵抗の枢軸」の中心です。

●湾岸戦争とアメリカ、イスラエル

１９９０年8月、イラクがクウェートに侵攻し、ペルシャ湾岸危機が起きました。ブッシュ（父）米大統領（在１９８９〜93）の主導で国連安全保障理事会は非難決議を採択し、クウェートからの即時撤退を要求しました。フセインは軍撤退の条件にイスラエル軍の占領地撤退を挙げ、湾岸危機とパレスチナ紛争のリンクを狙いました。アラブ世論を味方に付けるためです。

パレスチナ解放機構（ＰＬＯ）のアラファト議長はフセインを支持しました。イラク軍の次の標的にされるのを恐れていたサウジアラビアはＰＬＯへの財政支援を見直し、ＰＬ

Oは窮地に陥りました。後ろ盾だったソ連の崩壊と合わせ、ＰＬＯが米主導の中東和平を受け入れた背景です。イスラエルも１９８７年末に始まったパレスチナ人の第一次インティファーダ（反イスラエル闘争）に世界の同情が集まり、手を焼いていました。

ブッシュは１９９１年1月17日、安保理決議６７８に基づき米軍に攻撃命令を出しました。イラクはイスラエルにスカッド地対地ミサイルを発射しました。イスラエルに反撃させ「アラブ対イラク」を「アラブ対イスラエル」に変えることを狙いました。ブッシュ政権はイスラエルのシャミル首相に反撃の自制を懇願し、シャミルも受け入れました。

ブッシュは2月23日、サウジに駐留していた米軍（約54万人）主体の多国籍軍（約70万人）に、クウェート奪還の「砂漠の嵐作戦」開始を命じました。英仏、エジプト、シリアなどの部隊も参加しました。多国籍軍は３日間で首都クウェートを奪還し、イラク軍に壊滅的な打撃を与え、ブッシュは28日に停戦を宣言しました。

バグダッドまで攻め上り好戦的なフセイン政権を崩壊させるべきだとの強硬論も高まりましたが、ブッシュは国連決議を順守し、クウェート解放にとどめました。フセイン政権に弾圧されてきたイラク南部のシーア派住民や北部のクルド人はアメリカの支援を期待し、独裁政治からの解放を目指し武装蜂起しましたが、フセインの治安部隊に鎮圧され失敗に終わりました。国際規範を重視したブッシュの判断は結果的に、自由を求めた多くのイラク住民を見捨てた形になりました。

●モスクワのユダヤ人差別、虐殺の谷で涙したブッシュ

湾岸戦争が始まった直後の1月末、私は氷点下29度のモスクワに赴任しました。ゴルバチョフ時代のモスクワは世界のニュースの中心でした。ソ連外務省を担当しながらウクライナ、バルト3国、グルジア（現ジョージア）などソ連邦を構成する共和国の独立運動を取材しました。

モスクワで初めてユダヤ人に接し、ロシア人の根強い反ユダヤ主義、偏見と差別を知りました。私は外交官・特派員用の専用居住区ではなく一般のロシア人が住む界隈（かいわい）に部屋を借りました。家主はイスラエルに移住する直前の歯科医でした。「周りのロシア人に財産を持っていることを気づかれないようにとても注意してきた」と話してくれました。

ロシア語の訓練を受けていない私のため、英露語間の通訳を雇うことになりました。支局のロシア人は「女性がいい。美人がいい。日本人には長身でないほうがいい」と勝手に「小柄な美人コンテスト」の応募者を集め、面接となりました。

私はイギリス英語を話す、陰のあるユダヤ女性が気に入りました。でもロシア人の支局員たちは「ユダヤ人は100メートル離れていてもわかる」「ユダヤ人が混じると結束が乱れる」と、どうしても受け入れません。日本語で神道の本を読める知的エリート意識の強い記者に「ユダヤ人には勉強で勝てないから?」と嫌味をいうと「ああ、ユダヤ人に勉強では勝てないね」とあっさり認めたのには驚きました。

1991年7月末、ブッシュ米大統領はモスクワを訪問し、米ソ戦略兵器削減条約(START)に署名した後、ウクライナのキエフ(現キーウ)郊外バビヤールに直行しました。ナチスの「アインザッツグルッペン」(移動殺人部隊)が1941年9月末、ユダヤ人3万3771人を2日間で射殺した虐殺の谷です。私は現地で訪問を取材しました。ブッシュは慰霊の演説中に涙ぐみ、声を詰まらせ、こぶしを振り上げました。

ブッシュのバビヤール訪問にはイスラエルにアピールする目的がありました。イスラエルのシャミル右派政権は米ソ共催の中東和平プロセスへの参加を渋っていました。翌年の大統領選挙を視野に、ユダヤ系の政治資金や票もブッシュの念頭にあったでしょう。

半年後の12月、ウクライナ独立の衝撃でソ連が崩壊しました。キーウからベラルーシ共和国のミンスクに飛び、エリツィン・ロシア共和国大統領らのソ連邦解体宣言に遭遇した私は、信じがたい思いで「ソ連消滅」を打電しました。

ソ連の共産主義とは何だったのでしょう？　キーウ生まれの哲学者ベルジャーエフは『マルクス主義と宗教』などで、共産主義の主敵は資本主義ではなくキリスト教だ、共産党は「無神論者の国教会」だ、と主張しました。共産主義の革命や理想社会は、黙示思想の「大いなる苦難」や千年王国と、装いは違っても、思想の構造や機能はとても似ています。黙示思想の考察は、政治的イデオロギーの分析にも援用できるかもしれません。

ブッシュ政権はシャミル首相に、ソ連からのユダヤ人大量移民受け入れに必要な巨額融資の条件として入植地拡大の停止を要求しました。対米関係が複雑化したシャミル政権は崩壊し、和平派のラビン労働党政権が発足しました。ブッシュも大統領選挙で民主党のビル・クリントンに敗れました。イスラエルへの外交圧力が福音派や在米イスラエル・ロビーの反発を招いたことが、敗因のひとつに挙げられています。

●和平プロセスと極右の乱射・暗殺、ハマスの自爆テロ

ホワイトハウスで1993年9月13日、パレスチナ暫定自治宣言（オスロ合意）の盛大な署名式典が開かれました。ラビン・イスラエル首相は「親が子を埋葬する国からやって

きました」とスピーチし、旧約聖書の「コヘレトの言葉」3章の一節を引用しました。「何事にも時があり／天の下の出来事にはすべて定められた時がある。／生まれる時、死ぬ時／殺す時、癒す時／泣く時、笑う時／愛する時、憎む時／戦いの時、平和の時」。ラビンは「皆さん、平和の時がきました」と述べ、イスラエル人が「テロリスト」と憎んできたアラファトPLO議長の手を、ためらいながら握りました。「コヘレトの言葉」には独特の無常観と現世主義が漂い、日本人の非キリスト教徒にも人気があります。聖書学者の小友聡（おともさとし）氏は、黙示思想に対抗する書だと指摘しています。

クリントン米大統領（在1993～2001）は中東和平に力を入れました。1990年代は福音派のテレビ伝道師パット・ロバートソン創設の「キリスト教徒連合」が影響力を持ちました。保守的なロバートソンは自分の「キリスト教放送局」（CBN）で民主党のクリントンを攻撃しました。

クリントンは幼少期に福音派の影響が強い南部バプテスト派教会の聖歌隊で活躍していました。トルーマン、カーターなどイスラエルの生存権確立に尽力した他の大統領と同様、バプテスト派の背景があります。ロバートソンも南部バプテスト派連盟の牧師でした。

1994年5月、ガザ地区と死海に近い西岸のオアシスの町エリコでパレスチナ先行自治が始まりました。チュニジアから帰還したアラファト議長の車列に歓声を上げるガザの人々はお祭り騒ぎでした。けれどもその直前、和平崩壊の種をまく不吉な事件が、双方の宗教原理主義の過激派により、相次いで起きました。

1994年2月25日早朝、西岸ヘブロンのイブラヒム（アブラハム）モスクで礼拝中のパレスチナ人数百人に、ユダヤ教過激派の男が背後から自動小銃を乱射し29人を殺害、100人以上が負傷しました。銃弾が尽きた後、男はその場で殴り殺されました。モスクの起源は「創世記」で族長アブラハム一家の墓所とされる「マクペラの洞窟」。ユダヤ教徒にとっても聖地です。実行犯はニューヨーク生まれの30代半ばの医師。ヘブロン近郊の入植地キリヤトアルバに住む過激派組織「カハ」の幹部でした。入植者は実行犯を「聖人」「英雄」と祭り上げ、葬儀には1000人以上が参加しました。

4月6日、イスラエル北部アフラのバス停でイスラム主義組織ハマスによる自爆テロが起き、少女3人を含む乗客計7人が死亡しました。爆弾に仕掛けたクギが爆風で吹き飛び、約50人が負傷しました。4月13日にはアフラに近いハデラで路線バスが爆破され、6人が死亡しました。私はどちらの現場にもいきました。ハデラでは右派の数百人が「ラビンは辞任しろ」「アラブ人を殺せ」と叫んでいました。

ハマスという名前は「イスラム抵抗運動」のアラビア語の頭文字を連ねたもので「熱情」を意味します。1987年末にガザ地区から始まった第一次インティファーダ（反イスラエル闘争）と共に表舞台に出ました。エジプトで1928年、イスラム復興を説くハッサン・バンナーが設立したムスリム同胞団の系統です。ハマスの創始者アフメド・ヤシン師は福祉や医療で大衆の支持を集めながら軍事部門を育成しました。イスラエルはアラファトPLO議長の権力基盤ファタハを牽制（けんせい）するためハマスに比較的、寛容でした。

中東和平交渉は双方の反和平派の暴力やテロでときどきストップしました。ハマスは交渉が進展しそうになると、バスやレストランを爆破する自爆テロを起こしました。それでも1995年9月、西岸都市部にパレスチナ自治を拡大する「西岸自治拡大協定」（オスロⅡ）が合意されました。協定は国会で、約2万人が「ラビンは裏切者」と周辺で叫ぶ中、承認されました。わずか2票差でした。

極右カハの活動家がラビンの車を襲って壊し「次は本人だ」とカメラの前で自慢しました。4半世紀後、ネタニヤフ政権で閣僚になるベングビールです。右派リクードの政治家も「ラビンを殺せ」と叫ぶ極右の集会への参加を見合わせましたが、ネタニヤフ党首は過激な言葉を戒（いまし）めながらも参加し続けました。群衆がラビンのレア夫人に「（イタリアの独裁者）ムッソリーニと愛人のように吊るしてやる」と罵声を浴びせました。

ラビンは反和平派を「血の上で踊っている。彼らはハマスを助け、ハマスも彼らに頼っている」と非難しました。

1995年11月4日、ラビンが平和集会でユダヤ教極右の青年に暗殺されました。ラビンは第三次中東戦争で圧勝した軍参謀総長です。安全保障で国民の信頼がありました。「平和の勇士」とたたえられても、

「双方とも欲しいものをすべて手に入れることはできない。和平とはそういうものだ」とクールでした。保守派にも、幻想をふりまかないラビンを慕う支持者がいました。ラビンの死は和平陣営に大打撃でした。

国葬にはラビンを敬愛していたクリントンはじめ約80か国の大統領、首相、王族ら約2500人が外国から参列しました。村山富市（とみいち）首相は9月にイスラエルを訪問し、ラビン主催の晩餐会で歓迎を受けたばかりでしたが、参列しませんでした。国会答弁が理由と伝えられました。レア夫人は、ネタニヤフ党首を「夫が殺される決定的なムードをつくった」と非難し、葬儀で「握手したくなかった」と怒りをあらわにしました。

●ハマスの連続自爆テロでネタニヤフ首相誕生

ペレス外相が後継の首相になりました。ラビン暗殺に憤る世論をバックに、西岸北部ジェニンをはじめ都市部から次々に軍を撤退させました。パレスチナ住民は代わって治安を担うパレスチナ警察を歓呼して迎え、自治区が誕生していきました。

福音書でイエス誕生の地とされる西岸ベツレヘムのクリスマス・イブ。占領軍のいない平和をイスラム教徒も満喫していました。真夜中に聖カテリナ教会でアラファト議長夫妻も参列した深夜ミサは世界中に中継されました。打ち上げられた無数の花火が夜空を染め、ユダの荒れ野を照らし出しました。息をのむ美しさでした。

このときが和平の絶頂期でした。翌1996年1月、イスラエルはガザ地区でハマスの自爆テロ指導者を携帯電話に仕掛けた爆弾で殺害しました。ハマスは2月25日、エルサレムで路線バスを吹き飛ばし25人を殺害しました。共同通信にも電話で犯行声明が届きました。ネタニヤフは好機到来と反和平の論陣を張り、支持率が急伸しました。

3月3日早朝、共同通信の支局そばの通りでバスが爆破され19人が死亡しました。バスは炎上し骨組みだけを残して黒焦げになりました。死者のひとりは1週間前のバス爆破で殺された男性の双子の兄弟でした。翌4日、テルアビブの目抜き通りでも自爆テロが起き、

ハマスに爆破された路線バス
（撮影：船津知美、エルサレム・ヤッフォ通り、1996年3月3日）

20人が死亡しました。5月末に首相公選を控えています。和平派には悪夢の展開です。

自爆テロの恐怖は、繁華街が日本と比べとても狭いことを知らないと実感しにくいでしょう。飲食店で食事するときは車道に面していない、客の少ない店を選びます。エルサレムで私が自分の子供たちを伴った飲食店は10店もありませんが、うちピザハットなど2店が爆破され計約30人が殺されました。失明する人も少なくありません。子供が通う学校の前で自爆テロがあり実行犯の肉片が飛び散りました。犠牲者の多くは通学途中の学生や生徒でした。今ならＺｏｏｍの遠隔授業に切り替えられ、死なずに済んだでしょう。

ペレスは4月、イランが支援するレバノンのイスラム教シーア派武装組織ヒズボラ（神の党）からのロケット攻撃を理由にヒズボラ掃討作戦に乗り出します。

ペレスは核兵器極秘開発の指導者でしたが、実戦経験を欠くため「弱腰」と批判されやすいのが弱点でした。強硬姿勢を示す必要がありました。

国連レバノン暫定軍本部をイスラエル軍の砲弾が直撃し、女性と子供中心の避難民約110人が死亡しました。イスラエル人の約2割を占めるアラブ系市民は和平支持でしたがこの「虐殺」に怒り、ペレスは貴重なアラブ票を失いました。首相公選では、得票率わずか0・9％差でネタニヤフが勝利し、46歳という同国史上最年少で首相になりました。

ネタニヤフ支持者の中心は、アラブ諸国から移民してきたユダヤ人セファルディです。和平派に多いヨーロッパ出身のユダヤ人アシュケナジと比べ総じて社会的地位が低く、日ごろ悔しい思いをしてきた人々です。トランプ前大統領の支持者と似通っています。

ネタニヤフの父は中世ユダヤ史の研究者。「鉄の壁」思想のジャボティンスキーに近いシオニスト修正主義者でした。兄ヨナタンはハーバード大学で哲学を学んだ軍人。1976年、テルアビブ発の旅客機がパレスチナ人とドイツ人の過激派に乗っ取られウガンダのエンテベ空港に着陸させられた事件で、時の首相ラビンは輸送機4機を約3500キロ飛行させ、夜陰に乗じ同空港に着陸させる大胆な人質救出作戦を成功させました。参加の将兵で唯一死亡したのが精鋭部隊サエレット・マトカル隊長のヨナタンでした。

ネタニヤフ自身も1972年、ロンドン発の旅客機がパレスチナ過激派「黒い九月」に乗っ取られた事件で、テルアビブのロッド空港に着陸した同機にマトカル隊員として突入し、負傷しました。国家安全保障と対テロリズムがネタニヤフ一家の使命です。

●聖地のトンネル貫通で銃撃戦、和平派バラクが首相に

ネタニヤフ首相は1996年9月、東エルサレムの「西の壁」（嘆きの壁）からユダヤ教聖地「神殿の丘」（イスラム聖域ハラム・アッシャリーフ）そばを通る約500メートル弱の観光用トンネルの出口工事を強行しました。パレスチナ側はソロモンの神殿、ヘロデの神殿に続く「第三神殿」を建設しようとする「シオニストの陰謀」だと反発しました。

私はオルメルト・エルサレム市長のトンネル通過に同行取材しました。出口はイエスが十字架を背負って歩かされたとされる「悲しみの道」の近くです。数時間後、イスラエル治安部隊とパレスチナ武装組織の間で銃撃戦が発生し、3日間でイスラエル側15人、パレスチナ側約60人が死亡しました。クリントンはネタニヤフやアラファトを招いて緊急首脳会談を開き、事態の鎮静化に努めました。私は会談の取材のため出張し、アメリカ人のイスラエル支持の強さに驚きました。本書の出発点は、このときの驚きにあります。

クリントンは１９９７年1月、西岸へブロンの80％から軍を撤退させる合意をネタニヤフにのませました。中心部には極右の入植者が居座り続けました。１９９８年10月、軍を追加撤退させるワイリバー合意をまとめ、12月にはヒラリー夫人とガザ地区を訪問し、ＰＬＯ民族憲章から「イスラエル敵視条項」を削除させました。

ネタニヤフは対米関係の悪化などで首相公選の前倒し実施に追い込まれました。１９９９年5月の首相公選でラビン直系のバラク元国防相が圧勝し、和平派は再び勢いを取り戻しました。バラクはネタニヤフが旅客機の乗客救出作戦で突入し負傷したときのマトカル隊長でした。選挙戦の最中、バラクが「あのときビビ（ネタニヤフの愛称）が死んでいればよかったのに」とジョークをいったのを、イスラエル人は笑って聞いていました。

バラクは同年9月、レバノン南部から軍を撤退させました。イスラエルは１９８２年、ベギン政権のシャロン国防相主導でレバノンに侵攻し、アラファト議長をベイルートから追い出しました。その後も南部に一方的に「安全保障地帯」と称して軍を駐留させていました。親イランのヒズボラはこのレバノン戦争で誕生した反イスラエル武装組織です。バラクにとってレバノン撤退は和平への善意のジェスチャーでした。

パレスチナ和平交渉の目標は「恒久（最終）地位交渉」の合意です。双方が首都として譲らないエルサレムの地位（管轄権）、イスラエルとパレスチナの国境、パレスチナ難民の帰還など難問ぞろいです。パレスチナ紛争が解決すれば、アラブ・イスラム諸国は雪崩を打ってイスラエルとの平和条約締結に動くと見られていました。

●クリントンの和平、聖地の支配権で決裂

クリントン大統領は2000年7月11日、歴史的偉業の達成を目指し、ワシントン郊外の大統領山荘にバラク首相とアラファト議長を招きました。しかし世界の注目を集めたキャンプ・デービッド集中首脳交渉は7月25日、決裂が発表されました。

最大の原因は、聖地エルサレムの「神殿の丘／イスラム聖域」の主権で合意できなかったことです。アラファト議長は「聖域」を含む東エルサレム全体の主権を要求する原則的立場から譲歩できませんでした。

クリントン政権から「神殿の丘／聖域」の「地上の主権」はパレスチナ、「地下の主権」はイスラエル、とする妥協案が出されました。

バラクはイスラエル首相として初めて「エルサレムの再分割」を受け入れ、東エルサレムの大半に加え「神殿の丘」の管理権をパレスチナ側に渡すことにまで譲歩しました。し

かし主権の放棄はできませんでした。

クリントンは任期切れ目前の2000年12月23日、最後の「和平指針」を示しました。「地上の主権」はパレスチナ、「西の壁（嘆きの壁）」の主権はイスラエルとしたうえで、イスラエルに、①「西の壁」を含む「聖なる空間の主権」、②考古学的な「発掘に関する機能的主権」を双方が分有する――のどちらかを選ぶよう求めました。集中交渉での「地下の主権」から後退しましたが、バラクは受け入れました。アラファトは拒否しました。

外交交渉に「発掘」が登場するのは奇妙ですが、失われた「契約の箱」など「神殿の丘／聖域」とユダヤ教徒の関係を決定づける遺物が埋まっている可能性があるからです。イスラム教徒は、イスラエルが発掘調査を強行するのではと常に警戒しています。

リクードでネタニヤフに代わって党首となっていたシャロンは2000年9月末、「神殿の丘」訪問を強行しました。これをきっかけにパレスチナ人の第二次インティファーダ（反イスラエル闘争）が始まりました。パレスチナ人は「聖域」のモスクの名を冠して「アルアクサ・インティファーダ」と呼びました。

「神殿の丘」と「聖域」は同じ場所です。その争いは領域支配の相互排他的な性格を象徴しています。和平交渉の難しさが最も先鋭に現れる特別の場所です。エルサレムのこの高台に、いくつもの王朝や帝国、民族の歴史が堆積し、ユダヤ民族、アラブ民族双方の政治的、宗教的な情念をかき立てます。そのことに価値を見出し、利益を得る組織や人々も絶えないことが、紛争を終結できない一因です。

交渉決裂でパレスチナ紛争の平和解決の見通しは事実上なくなりました。エルサレム問題での譲歩という禁断の決断をしたバラクは厳しく批判されて権威を失いました。アラファトはガザに戻って熱烈な歓迎を受けました。アメリカとイスラエルの理不尽な要求に屈せず「パレスチナの大義」を守った英雄とたたえられました。

●9・11同時テロ、アメリカのイスラエル化

2001年9月11日朝、ニューヨーク・マンハッタンにある世界貿易センターのツインタワービル（110階建て、約410メートル）北棟と南棟に旅客機が激突し、両棟ともまもなく崩れ落ちました。ワシントン近郊の国防総省（ペンタゴン）にも旅客機が突っ込みました。ピッツバーグ付近にも1機が墜落しました。連邦議会議事堂かホワイトハウスを狙ったものの、乗客の抵抗で墜落した、とみられています。

ニューヨークだけで2479人、合計約3000人（日本人24人）が殺されました。米

国領への大規模攻撃は日本軍による真珠湾攻撃以来です。国際テロ組織アルカイダの19人による犯行でした。指導者オサマ・ビンラディンは1996年、①イスラム教聖地サウジアラビアの米軍駐留、②アメリカが支援するイスラエルによる聖地エルサレム占領――を理由にアメリカへの聖戦を呼び掛けていました。

ブッシュ（子）米大統領（在2001～09）とブレア英首相は、ビンラディン引き渡しに応じないイスラム原理主義組織タリバンが支配するアフガニスタンに米英軍を侵攻させ同政権を崩壊させました。「対テロ戦」を掲げるアメリカの「イスラエル化」です。米英は2003年春、イラクの大量破壊兵器開発疑惑などを理由に、国際社会の反対を押し切ってイラクに侵攻し、フセイン政権を崩壊させ「中東民主化」の旗を掲げました。

私は開戦前バグダッドで国連の武器査察活動を取材しました。戦後、シーア派の聖地ナジャフやカルバラ、クーファを訪れるとイラン人の巡礼者が貸し切りバスで大挙押し寄せていました。民主的な議会政治では当然、多数派のシーア派政権が誕生します。イランの影響力が強まりました。アメリカは、イランの脅威を抑止していたイラクを、親イラン反米の武装勢力が闊歩（かっぽ）できる国に変えてしまいました。

イスラエルから見ると、湾岸戦争でミサイルを撃ち込んできたイラクの脅威は去りましたが、イランが新たな脅威として前面に出てきました。２００２年、イランが国際原子力機関（ＩＡＥＡ）に未申告で核開発をおこなっていることが露見しました。イランのアハマディネジャド大統領は２００５年、ホロコースト否定論を唱えました。レバノンの親イラン武装組織ヒズボラは２００６年７月から９月までの第二次レバノン戦争で、イスラエルにロケット弾攻撃を浴びせました。

●シャロンの自治区侵攻、ガザ撤退、ハマスの台頭

イスラエルでは２００１年の首相公選で、バラク首相がリクードのシャロン党首に惨敗しました。シャロン首相はアメリカの「対テロ戦争」にハマス掃討作戦をだぶらせて正当化し、タブーを破って西岸都市部のパレスチナ自治区に再侵攻しました。２００２年４月の西岸ジェニン侵攻では「戦争犯罪」の疑惑が国際機関から上がりました。シャロンはブッシュからの度重なる撤兵要求にもなかなか応じませんでした。

アメリカ外交は21世紀の最初の数年、中東に明け暮れました。イスラエルへの反発が反米感情を強めています。イスラエルはアメリカの戦略的「資産」ではなく「負債」ではないのか、「負債」だとすればなぜ支援するのか、という疑問が出されました。

2006年、国際政治学者ミアシャイマーとウォルトは、「アメリカの外交政策をイスラエルの利益に沿うように影響力を行使している諸団体や個人の緩やかな連合体」である「イスラエル・ロビー」の政治力が支援の源だと主張し、論争になりました。ロビーの政治力の評価はまちまちです。ユダヤ人社会内部の分断で低下傾向にあるとみられていますが、ロビーの政治力は、周辺に控える数千万人のキリスト教福音派の存在によって大きく増幅されています。

私はロンドンから断続的に半年ほど古巣のエルサレムに出張し自爆と侵攻の悪循環を取材しました。

イスラエルはラビンのころとは別の国になっていました。シャロンには無謀なレバノン戦争の記憶が重なりますが、かつて嫌っていたシャロンを元和平派のイスラエル人が支持していました。テロで憎しみを煽(あお)るハマスの狙い通りになりました。

2002年春、ハマスの最高幹部アブシャナブ教授のガザ市の自宅を訪れました。「要求を認めさせるには暴力の言葉しかない。パレスチナ人の命を奪うならイスラエル人の命も奪う。爆撃機はないが人間爆弾がある」と語った教授は1年半後、イスラエル軍ヘリが発射したミサイルで、乗っていた車ごと吹き飛ばされました。

2016年8月、西岸ジェニン難民キャンプ。著者(右)。「女性が道端にへたり込んでいた。がれきの下に体の不自由な息子のジェマルさん(38)が埋まっているという。『兵隊がきて〝家から出ろ〟と命令した。夫と私は〝子供が中にいるから待って〟と頼んだが、ブルドーザーは息子ごと家を壊した』」(ルポ『息をのむ壮絶な破壊の跡　息子を埋めたブルドーザー』船津靖、2002年4月)。14年後に再訪した。「殺された息子を思い出さなかった日は一日もない」と話す母の目は一度も笑わなかった。

シャロンは西岸ラマラの自治政府庁舎を軍で包囲し、アラファトを軟禁状態に置きました。２００４年秋、アラファトの体調が悪化し、搬送されたパリの病院で死亡しました。「パレスチナを知らない人はいてもアラファトを知らない人はいない」といわれたカリスマ的指導者が死亡し、パレスチナ人に和平を受け入れさせる権威のある人物はいなくなりました。イスラエルの反和平派の思うつぼでした。２００５年１月の自治政府議長選挙で、テロを否定する穏健派マフムード・アッバスが選出されましたが、アラファトのような人気は望めません。ハマスにとってもチャンスです。

シャロンは同年8月、ガザ地区のユダヤ人入植者約8500人を軍事力で強制退去させる思い切った手段に出ました。ガザの占領継続は不可能との現実的な判断からです。シャロンはユダヤ教極右からラビンのように「裏切り者」とののしられ、リクード党内でネタニヤフとの権力闘争が激化しました。シャロンは非武装のパレスチナ国家を認める中道政党カディマを旗揚げしましたが、2006年初め脳卒中で倒れ、政治生命を絶たれました。ユダヤ教極右は「神罰が当たった」と溜飲を下げました。

シャロンが倒れた直後に自治区で総選挙が実施され、ハマスがアラファトやアッバスの政党ファタハに勝利しました。翌2007年6月、ガザでハマスとファタハの全面衝突が起き、ハマスがガザ全域の強権支配を確立しました。ファタハ関係者が高層アパートから投げ落とされました。シャロンの後継首相オルメルトはガザを封鎖しました。

ハマスとレバノンのヒズボラはイスラエル領内にロケット攻撃を仕掛けるようになりました。イスラエル人から見ると、ヒズボラは和平派バラクが軍を撤退したレバノン南部から、ハマスは和平派に転じたシャロンが軍を撤退したガザ地区から、攻撃を続けています。アラブ側への譲歩は逆効果だとの考え方が支配的になっていきました。

●オバマとネタニヤフの対立、安全保障は揺るがず

民主党のバラク・オバマ大統領（在2009〜17）は、就任式で祈りを捧げる聖職者のひとりにカリフォルニアのメガチャーチ、サドルバック教会の福音派ウォレン牧師を招き、福音派に配慮しました。イラク戦争に反対したオバマは2009年6月、カイロでイスラム世界との融和を訴え、ヨルダン川西岸の入植地拡大を批判しました。

イスラエルではオバマ就任の2か月後、ネタニヤフが首相に返り咲きました。ネタニヤフ復権の背景には、リベラル派のオバマから和平を押し付けられるのを心配したユダヤ系国民が、盾としての役割をネタニヤフに期待した面があったと思われます。

バイデン副大統領は2010年3月、和平交渉再開のためエルサレムを訪問した際、イスラエルが新たな入植地建設を発表しメンツをつぶされました。ネタニヤフはオバマの入植地拡大凍結要求をかわすため、米福音派や共和党に働きかけ、超党派が基本だったアメリカの対イスラエル政策の分極化を決定づけました。

オバマは2015年7月、ネタニヤフの強い反対をよそに、国連安保理の5常任理事国にドイツを加えた6か国で、イランの核開発を制限する見返りに経済制裁を解除するイラン核合意（包括的共同行動計画＝JCPOA）を結びました。ベギン政権がイラクを空爆し

たようにネタニヤフ政権がイラン核施設空爆に踏み切るのでは、との観測が絶えませんでした。イスラエルのオルメルト前政権は2007年、シリアが北部アルキバルで北朝鮮の支援を受け極秘に建設中だった原子炉を、奇襲空爆し破壊していました。

オバマはネタニヤフと対立し続け、感情的なしこりはバイデン政権にも引き継がれています。それでも、カイロ演説でイスラム世界に呼びかけた際も「アメリカとイスラエルの絆は決して揺るがない」と前置きしました。両国は2010年ごろスパイウエアを使用した極秘サイバー兵器「スタックスネット」を共同開発し、核兵器用濃縮ウランを生産できるイランの遠心分離機数千を破壊した、と推定されています。

オバマは退任直前の2016年12月、国連安保理の入植地非難決議に棄権して拒否権を行使せず、意地を通しました。一方、イスラエルに2019年から10年間で380億ドルもの過去最大の巨額軍事支援をすることを約束するなど、イスラエルの安全保障への支援は揺るぎませんでした。オバマは退任後、回想記『約束の地』を出版しました。

●トランプのタブー破り、米大使館エルサレム移転

ドナルド・トランプ米大統領（在2017〜21）は2017年5月の初外遊でサウジア

ラビア、イスラエル、パレスチナ自治区を訪問し、トランプ流の中東外交を始めました。

現役の米大統領では初めてユダヤ教の聖地「西の壁」（嘆きの壁）で祈りを捧げました。

トランプ政権は2017年12月、イスラエルが第三次中東戦争後に併合したエルサレムをイスラエルの首都と承認し、地中海岸テルアビブの米大使館を山間の聖地エルサレムに移転する方針を発表して世界を驚かせました。イスラエルが1980年にエルサレム首都化を宣言した際、国連安全保障理事会は非難決議を採択しています。トランプの移転決定は国際法違反でしたが、イスラエル国民と米福音派は喝采しました。

翌2018年5月14日、エルサレムで新大使館の開館式典がおこなわれました。イスラエルが独立宣言を発した日からちょうど70年。トランプ政権はその約1週間前、オバマ前大統領が苦心の末に結んだイラン核合意からのアメリカの離脱を宣言していました。

共和党主導の連邦議会が1995年に採択した「エルサレム大使館法」は移転を義務付けていましたが、クリントン、ブッシュ（子）、オバマの歴代大統領は、和平交渉を仲介するアメリカの立場を損なうとして同法の適用を繰り延べる措置を取り続けてきました。トランプの決定はタブーを破る異例の親イスラエル政策でした。

大使館の開館セレモニーにはトランプの愛娘（まなむすめ）イヴァンカ（大統領補佐官）、娘婿（むすめむこ）のユダヤ教正統派ジャレッド・クシュナー大統領上級顧問、ラスベガスのユダヤ系大富豪アデルソン夫妻、米キリスト教福音派のヘイギー牧師らが参列しました。ヘイギーは南部テキサス州サンアントニオのメガチャーチ、コーナーストーン教会の牧師で、全米最大のキリスト教シオニスト組織「イスラエル支援キリスト教徒連合」（ＣＵＦＩ）の指導者です。

イヴァンカはユダヤ教正統派のクシュナーと結婚してキリスト教徒から改宗し、米大統領一家としては初めてのユダヤ人になっていました。クシュナーは不動産会社を経営する富豪の息子です。ハーバード大学卒ですが、父親が大学に巨額の寄付金を提供した見返りの入学といわれています。米名門大では珍しいことではないようです。クシュナー家はネタニヤフ家と長年、家族ぐるみの交際があります。

式典に参列したフリードマン駐イスラエル米大使はニューヨークの高名なラビ（ユダヤ教指導者）の息子です。トランプが１９９０年代、カジノ経営で巨額の借金を抱えたとき破産法専門の顧問弁護士でした。西岸の入植地ベイトエル（神の家）を長年支援しています。

入植地ベイトエルで１９９６年12月、母親と息子がユダヤ教のハヌカ（光の祭り）の最中にパレスチナ過激派のテロで射殺されました。葬儀にはネタニヤフ首相が参列しました。私は翌年１月、妻子を殺された入植者の男性の自宅を訪ねて心境を聞きました。取材後、地中海を遠望できる丘の上の入植地内を見て回っていると、ネタニヤフの義弟ハギ・ベンアルツィ氏と出会いました。彼は「ここにまた新しい入植地をつくる。もちろんアラブの土地だったさ」と平然と言い放ちました。

ユダヤ人の社会は小規模です。有力者同士はたいがいどこかで接点があります。ネタニヤフと入植者の義弟、大使館移転を進めた大使は、西岸の入植地でつながっていました。

●カジノ王アデルソンのトランプ支援

「カジノ王」アデルソンは開館式典で、最前列中央に妻と着席していました。米西部ネバダ州のラスベガス・サンズ・コーポレーション会長です。米誌「フォーブズ」の億万長者番付で世界第8位にランクされたことがあります。共和党の有力政治家はアデルソン詣でを欠かせません。イスラエルでネタニヤフ支持の新聞を発行し、右派長期政権を支えました。無料紙です。リベラル派は「アメリカで安全、快適に暮らす大富豪が、中東でアラブ人と生きていくわれわれの政治を左右するのはおかしい」と不満を口にしていました。

2016年の大統領選挙でアデルソンは当初、反ユダヤ主義者にも人気のあるトランプへの支援に慎重でした。トランプは同年3月、白人至上主義団体クー・クラックス・クラン（ＫＫＫ）の元最高幹部からの支持表明を直ちに拒否しなかったことで批判を浴びていました。アデルソンは秋以降、巨額の政治資金を追加支援しました。トランプへの最大の「メガドナー（大口献金者）」です。彼の支援なしではトランプの当選は難しかったでしょう。

アデルソンはシンガポールのリゾートホテル「マリーナ・ベイ・サンズ」も経営していました。シンガポールで２０１８年６月におこなわれたトランプと金正恩（キムジョンウン）・朝鮮労働党委員長の米朝首脳会談の際、金正恩は同ホテルに案内されています。トランプは、自分と手を打てばピョンヤンもシンガポールのように繁栄すると印象付けたかったのでしょう。

アデルソンはソフトバンクグループの孫正義会長と親しいことでも知られていました。安倍晋三（あべしんぞう）首相がトランプの当選直後にニューヨークのトランプタワーを訪問できた影の立役者です。２０１６年12月、安倍政権主導でカジノを含む統合型リゾート（ＩＲ）を推進する法律が制定されました。アデルソンはＩＲ開業を検討しお忍びで訪日しましたが、新型コロナウイルス感染症拡大などで２０２０年、日本進出を断念しました（日本経済新聞）。アデルソンは２０２１年１月、87歳で病死しました。トランプ、ネタニヤフをはじめ多数の有名人が追悼のコメントを発表しました。

●副大統領も国務長官も福音派

トランプ政権は2019年3月25日、イスラエルの右派ベギン首相が1981年12月に併合したゴラン高原のイスラエル主権を承認しました。ゴラン高原は第三次中東戦争でイスラエルがシリアから占領した土地です。占領地の併合は国際法違反でした。

主権承認の直前、ポンペオ米国務長官がエルサレムの「西の壁」をネタニヤフ首相と一緒に訪問しました。ポンペオ長官は熱心な福音派です。主権承認発表の当日、ペンス副大統領が在米イスラエル・ロビー「アメリカ・イスラエル広報委員会（AIPAC）」の年次総会に出席し喝采を浴びました。ペンスも、妻を伴わないで女性と会わないといわれる敬虔な福音派です。トランプが副大統領に選んだのも福音派の票目当てです。

世論調査機関ピュー・リサーチセンターによりますと、白人福音派プロテスタントの77%が2016年の大統領選挙でトランプに投票しました。トランプがバイデンに敗れた2020年の選挙では、トランプに投票した白人福音派は84%に増加しています。

トランプ支持者は、反進化論の原理主義者が嘲笑された「モンキー裁判」の舞台テネシー州などに目立ちます。同州は、南部山地の農民を侮蔑的に呼ぶヒルビリーという言葉で知られる土地柄です。北部の都会人に見下される田舎のイメージがあります。トランプが

２０１６年の大統領選で「忘れられた人々」と呼んだのはヒルビリーなどの貧しい白人福音派です。トランプの巧みなレトリックは大衆の共感を呼びました。民主党のヒラリー・クリントン候補は「忘れられた人々」を「困った人々」と呼び、上から目線だとの反発を招いて敗因のひとつになりました。

トランプが初当選した前年の２０１５年、全米福音派協会などが実施した調査では、白人の29％が福音派に分類されました。大部分はトランプ支持者ですが、白人福音派といっても一枚岩ではなく、世界の貧困や環境問題に熱心なリベラル派もいます。ちなみに、黒人教会には聖霊の働きを重視するペンテコステ派が目立ち、教義の内容は白人主体の教会よりも霊性を重んじる福音主義ですが、圧倒的に民主党支持です。

●アブラハム合意と防空システム、スパイウエア

ホワイトハウスで２０２０年9月15日、アラブ首長国連邦（ＵＡＥ）とバーレーンの外相がネタニヤフ首相と国交正常化に合意する文書に署名しました。旧約聖書の族長アブラハムがユダヤ人、アラブ人双方の父祖とされることにちなみ「アブラハム合意」と呼ばれました。10月23日にスーダン、12月10日にはモロッコがそれぞれトランプ政権の仲介でイ

スラエルと国交正常化に合意しました。

ＵＡＥなどがイスラエルとの国交に踏み切った大きな理由は、イランと親イランの武装組織の脅威でした。２０１９年９月、サウジアラビアの石油施設がドローン攻撃を受けた事件が代表的です。イエメンの親イラン武装組織フーシ派が犯行声明を出しました。サウジ、ＵＡＥなどにとってイスラエルの高度な防空システムは、喉から手が出るほどほしい兵器です。イスラエルとアメリカが共同開発した「アイアンドーム」は、ガザ地区のハマスやレバノンのヒズボラが発射する短距離ロケット弾の９割以上を破壊してきたとされます。防空システム「アロー３」はイランの中距離弾道ミサイルを大気圏外で迎撃できるとされます。

権威主義的なアラブ諸国の政府は、イスラエルの高度な盗聴・監視技術にも関心があります。イスラエルの民間企業ＮＳＯグループのスパイウエア「ペガサス」はスマートフォンの全情報を盗み取れるとされ、隠れた輸出品になっていました。世界各地で政府高官、野党指導者、ジャーナリスト、人権活動家などのスマートフォンの個人情報が盗み取られ、監視や脅迫に使われた事例が報告されています。２０１８年にトルコのイスタンブールにあるサウジアラビア領事館で、サウジ出身のジャマル・カショギ記者が殺害された事件でも、ペガサスが利用された疑いが濃いとみられています。

イスラエルは占領地のパレスチナ人をいわば実験対象に、人工知能（ＡＩ）やスパイウエアを駆使し、さまざまな監視・盗聴技術を開発し蓄積しています。アラブ諸国のイスラエル接近には、中東の政治的安定や経済発展への期待がありますが、防衛システムや盗聴・監視機器への関心も大きいとみられます。

●ネタニヤフ訴追、首相返り咲き、極右と連立

ネタニヤフ首相は２０１９年、収賄、背任、詐欺などの罪で起訴され、２０２１年6月、右派政党ヤミナのナフタリ・ベネット党首（元国防相）に政権を奪われました。

ベネット首相はニューヨークでサイバー企業を立ち上げて売却し巨満の富を得た資産家。前首相と同じく元特殊部隊員です。ベネット新政権はジャーナリスト出身のラピド外相が率いる中道政党イェシュアティド（未来がある）が中心となり、労働党に加えアラブ系イスラム政党も史上初めて参加する8政党の「反ネタニヤフ」連立政権でした。

ネタニヤフは1年半で政権を奪い返しました。２０２２年11月の総選挙で和平派は無残なほど議席を減らしました。12月末、ネタニヤフは自身のリクードにユダヤ教超正統派２

政党と入植者の「宗教シオニズム」、極右「ユダヤの力」を加え、史上最も右寄りと呼ばれる連立政権を発足させました。

宗教シオニズムのスモトリッチは財務相、ユダヤの力のベングビールは国家治安相と、2党首共に要職を得ました。どちらも西岸の入植地拡大やパレスチナ人取り締まりに強い権限を持つポストです。ベングビールは極右組織カハで活動歴のある弁護士。父はイラクから移民した中東系ユダヤ人の子、母はクルド系のユダヤ人です。

ネタニヤフは政権を発足させると直ちに、最高裁判所の権限を縮小する「司法制度改革」に着手しました。イスラエルは建国初期、政教分離を求める世俗的なリベラル派とユダヤ教保守派の対立で成文憲法に合意できませんでした。そのため自由、人権、法の支配、権力分立といった「民主主義の保証人」として最高裁が大きな役割を果たしてきました。

「改革」に対し、反ネタニヤフ陣営は「三権分立や民主主義を脅かす」「真の目的はネタニヤフの有罪判決や収監を免れること」と非難し、大規模な抗議行動が半年以上続きました。軍首脳や空軍パイロットまで反対の声を上げ、国内は騒然としました。ガザのハマス首脳部は、イスラエル国内の長引く混乱を好機と見たことでしょう。

2021年1月20日、トランプから政権を奪還した民主党のバイデン大統領が就任しました。ネタニヤフは就任当日に歓迎声明を出しましたが、バイデンが電話会談に応じたのは2月17日。トランプと打って変わって距離を置きました。オバマ政権で副大統領だったバイデンは入植地やイラン核問題でネタニヤフに煮え湯をのまされてきました。

ネタニヤフは国内の難局打開のためにも「アブラハム合意」の最終目標である、サウジアラビアとの歴史的な国交樹立合意を達成しようとしました。サウジの実力者ムハンマド皇太子は、イスラエルと国交を開く見返りに、アメリカからの安全保障や原発建設への協力を求めました。

バイデン政権は、米大使館エルサレム移転、ゴラン高原主権承認、アブラハム合意などトランプの親イスラエル政策を踏襲し、イスラエルの対サウジ国交樹立交渉を支援しました。成功すれば翌年の米大統領選挙に向けた大きな得点になります。

２０２３年10月はじめ、イスラエルの閣僚が相次いでサウジを訪問し、外交関係樹立が近いとの観測が強まりました。ハマスのイスラエル奇襲攻撃が起きたのはその直後です。ネタニヤフは、起死回生を狙ったハマスの奇襲攻撃に完全に虚を突かれました。

終章　対ハマス戦争と同盟の軋み

●空前の大規模テロ

ガザ地区を支配するイスラム主義組織ハマスは2023年10月7日、ガザに隣接するイスラエル南部の軍基地や若者の野外音楽祭、農村共同体（キブツ）を奇襲攻撃し、約1200人（うち市民約760人以上）を殺害しました。

女性や乳幼児、高齢者、タイ人など外国人も無差別に殺害。約250人を人質に取ってガザに連行し地下トンネル内に監禁しました。ハマスは世界の注目を集め、一気に存在感を高めました。

第四次中東戦争の奇襲攻撃との類似性を指摘する報道がありました。しかしエジプトとシリアの両国軍が１９７３年に攻撃したのはイスラエルの国軍です。一般住民ではありません。主目標は第三次中東戦争でイスラエルが占領したシナイ半島とゴラン高原に展開する敵国軍隊でした。当時、イスラエルは半日前には奇襲を察知していましたが、戦中・戦後にアメリカの支援を得るため、先制攻撃を自制しました。

旧日本軍の真珠湾攻撃との類似性を指摘する報道もありました。日本軍の攻撃対象も民間人ではなく米海軍の太平洋艦隊でした。イスラム過激派は自爆テロを「カミカゼ」と呼びますが、特攻隊の攻撃対象も米艦船でした。路線バスやレストランではありません。日本が１９４５年9月2日に東京湾で降伏文書に署名した戦艦ミズーリの艦長は、甲板に残された飛行士の遺体を丁重に水葬しました。

民間人の無差別大量殺人は「テロ」です。「ネコはネコと呼べ（Call a cat a cat.）ということわざがあります。ネコはトラでもネズミでもなくネコ。市民の虐殺は「英雄的行為」ではなくテロです。「植民地解放」といった「目的」がテロという「手段」を正当化することはできません。国際人道法は「戦争への正義」である開戦原因の是非と別に、戦争の手段・方法の合法性を厳しく問います。文民と戦闘員の区別は「戦争における正義」の有無を判断する際の最も重要な基準です。

エルサレムに住んでいた1990年代、知的障害の少年が自爆テロのベルトを付けて送り出される事件が報じられました。こんなことをする組織が「解放」し「大義」を御旗に支配する国に、明るい未来があるとは思えませんでした。

イスラエルの軍事占領も同様です。「神の選民」や「約束の地」を持ち出して正当化すべきではありません。占領下の弾圧にパレスチナ人が怒るのは当然です。勝手な観念を掲げて国際法違反の占領を擁護することはできません。テロはテロ、占領は占領です。

10月7日の奇襲では拘束後の射殺、手榴弾での一家爆殺が報告されました。「イスラエル人にハマスを憎悪させるのが目的としか思えない」と、『サピエンス全史』『ホモ・デウス』で有名なイスラエルの歴史家ユバル・ノア・ハラリは衝撃を口にしました。「ギャング・レイプ」（輪姦）中に「殺して」と叫ぶ少女の頭を撃ち抜いた、別の女性の遺体の乳房を切断し投げていた、との目撃証言も報じられました。

元同僚のイスラエル人記者ふたりから「妻の従妹の高齢女性がキブツ・ベイリで殺され焼死体で見つかった。孫ふたりは行方不明」「同僚がガザで人質にされた」と連絡がありました。ヨルダン川西岸の入植地と違い、社会主義的な起源を持つイスラエル領内のキブツには和平派が少なくありませんでした。ガザの病人をイスラエルに搬送する手助けをしていた女性も惨殺されました。元同僚記者のひとりはパレスチナ人との共存を目指してアラビア語を学び、遠い昔には共産党とも関係のあった左派でした。今回の凄惨なテロはイスラエル社会に強い衝撃を与えました。

米紙ニューヨーク・タイムズは11月8日、奇襲攻撃はガザのハマス指導者ヤヒヤ・シンワルら少数が計画し、アラブ諸国に滞在するハマス政治部門の指導者やイラン、レバノンの親イラン武装組織ヒズボラなどは知らされていなかったようだ、と報じました。

背景は、エルサレムのイスラム聖域でのユダヤ教徒礼拝、西岸でのユダヤ人入植者の暴力、サウジアラビアとイスラエルの国交正常化への動きによる孤立感で、状況を激変させて「永遠の戦争状態」とし、注目を取り戻すことが目的だった、と分析しました。

作戦名は「アルアクサ洪水作戦」。アルアクサは聖地エルサレムを意味し、洪水にはノアの箱舟の聖書的、終末論的なイメージや、地を暴虐で満たした者たちを滅ぼす、という含意があるようです。イスラム教でも終末論や黙示思想は大衆文化に浸透しています。

●シンワル釈放、「鉄の壁」の崩壊

奇襲の首謀者シンワルは1962年生まれ。第一次インティファーダ（反イスラエル闘争）

中、複数のパレスチナ人を「イスラエルへの内通者（スパイ）」として処刑した罪でイスラエルに拘束され服役します。第一次インティファーダ期間中のパレスチナ人の死者は約1900人。イスラエル軍による殺害が1087人以上、パレスチナ人による処刑が822人との人権団体の報告があります。殺された「内通者」には、借金や愛憎などに絡む犯罪の犠牲者もいたでしょう。

シンワルは2011年に釈放されました。ネタニヤフ首相が、拉致されたイスラエル兵1人と引き換えに釈放したパレスチナ人服役囚約1000人のひとりでした。殺人やテロで終身刑に服していた者が多数含まれ、当時の記事は「テロの再燃も懸念される」と指摘していました。シンワルはヘブライ語を学び、イスラエルの政治、社会、イスラエル人の心理にも精通していたと報じられています。

ハマスは「イスラエル破壊」「パレスチナ解放」を看板に人気を集めてきました。和平派ファタハが主導する自治政府の弱体化と2国家共存和平案の阻止が目的である点で、ネタニヤフと利害が共通しています。ネタニヤフとハマスは真っ向から対立しているようでも、和平派からの権力奪取を目的とする点で共通利害があります。

ネタニヤフから見れば、和平派の自治政府よりハマスのほうが都合のいい存在です。首相は2019年3月、「パレスチナ国家を阻止したい者は誰でもハマス強化に賛成するべきだ」と明言し、ハマスが支配するガザと自治政府が統治する西岸の分断は「パレスチナ国家の樹立阻止というわれわれの戦略に合致する」と力説していました。

ネタニヤフの政党リクードの源流であるシオニスト修正主義者ジャボティンスキーの「鉄の壁」思想は、パレスチナ人の「穏健派台頭」を最終目標としていました。しかしネタニヤフは逆に、穏健派の自治政府を弱体化し、ハマスを支えました。

ネタニヤフ政権はハマスが穏健化しつつあると見誤っていました。ハマスの自爆テロによる死者はこれまで最大で30人ほど。一度に1200人も殺されるテロは想像の外でした。ネタニヤフはハマスの奇襲攻撃を許し、パレスチナ人やアラブ・イスラム諸国の認識の中にあった「鉄の壁」が崩れました。イスラエルはもはや破壊不可能な強国ではなく、いつか現実に消滅させることができるかもしれない存在に変わりました。

●猛攻撃でガザ住民の犠牲者急増

大規模な報復攻撃に出れば、ガザの住民が犠牲になるのは確実でした。国際社会の反イスラエル感情をかきたてたいハマスの罠にはまります。人質解放を優先し、2011年の先例にならってパレスチナ人服役囚の全員釈放を求める声も上がりました。

ネタニヤフは「ハマス壊滅」を掲げて直ちにガザを激しく空爆し、やがて地上部隊を侵攻させました。学校や病院もハマスが軍事利用していると主張し、容赦なく攻撃しました。ガザ住民約220万人のうち約170万人が家を追われ南部に逃れました。住民の死者が恐ろしい勢いで増え続け、2024年5月下旬、パレスチナ保健省の発表で3万6000人を超えました。

イスラエル軍は、国連パレスチナ難民救済事業機関（UNRWA）など国際機関や非政府組織（NGO）からの支援物資の搬入を厳しく制限しました。ガザ住民は水・食料・燃料・医薬品の欠乏に苦しみ、飢餓も報告される深刻な人道危機が発生しました。

米軍が投下した食料を求めて男たちが争い、ガザの犯罪組織が横流しをして高値で住民に売りつける無法状態になりました。食料袋を求め、這って進んでいた男性がイスラエル兵に狙撃され、その場で息絶える映像を英BBCなどが放送しました。

南アフリカはイスラエルを国際司法裁判所（ICJ、ハーグ）にジェノサイド（集団殺害犯罪）条約違反で提訴しました。ジェノサイド罪の対象は、国民・民族・人種・宗教など特定集団への殺害です。身体・精神への重大な危害、身体を破壊する生活条件の強要、出産の妨害、児童の強制移住が含まれます。国家が少数派の相当な部分を破壊する「特定の意図」「確定的な意図」を持っていたかどうかが認定の焦点です。

ジェノサイドは、ウクライナ西部リヴィウの大学で学んだユダヤ人法律家レムキンがつくった用語です。イスラエルはジェノサイドを逃れるユダヤ人のための国とされました。そのユダヤ国家がジェノサイドの加害者の疑いで国際法廷に立たされました。ホロコーストに歴史的責任のあるドイツは、イスラエルのガザ攻撃は自衛権の行使で、南アの提訴は根拠がない、とする声明を出しました。

世界のイスラム教徒約19億人はパレスチナに同情的です。「グローバルサウス」と呼ばれる諸国の多くはインドを除き、大半がパレスチナ寄りです。「国際世論」ではイスラエルとアメリカは多勢に無勢です。

多くの女性や乳幼児まで犠牲になる事態に、当初はイスラエルに同情的だった欧米の世論も変化しました。

●米大学で若者がイスラエルとバイデンに抗議

バイデン米大統領はハマスの大規模テロに対するイスラエルの「自衛権行使」を容認し、

武器、弾薬を大量に供給しました。事件後すぐイスラエルを訪問しました。バイデンがネタニヤフとハグした映像を見て勘違いした人もいたようです。ふたりは犬猿の仲です。バイデンは耳元で「ここまでしてやってるんだから、少しはオレのいうことを聞けよ！」とささやいたかもしれません。

バイデン政権は当初からガザの民間人犠牲者の増大を心配していました。ハマスが立てこもる地下トンネルの規模と精巧さから、ネタニヤフが掲げる「壊滅」の困難さを見通していました。イスラエルに軍の大半をガザから撤退させ、標的を絞った精密攻撃主体に移行するよう働きかけていました。ネタニヤフは聴く耳を持ちませんでした。

ハマス戦闘員だけではなく一般住民の犠牲者が急増するにつれ、民主党リベラル派からバイデンへの批判が強まっていきます。

2024年春、ユダヤ系の多いニューヨークのコロンビア大学をはじめ全米各地の大学で、イスラエル軍のガザ攻撃やバイデンの武器支援、大学の兵器産業への投資などに対する抗議行動が激しくなりました。ユダヤ人学生の一部も参加しました。イスラエル消滅を意味する「（ヨルダン）川から（地中）海まで」の「パレスチナ解放」を叫ぶ学生が目立ち、ハマス戦闘員の格好をする若者も現れました。指導的な活動家が「シオニスト（ユダヤ民族主義者）は生きるに値しない」とSNSに投稿し、謝罪に追い込まれました。

ユダヤ系の学生の大半は「なぜハマスのテロを批判しない」「怖くて大学へいけない」「ユダヤ人だけオンライン授業なのはおかしい」「われわれが白人だから差別してもよいのか」と反発しました。抗議の学生が学内の施設を占拠し、大学当局が警官隊に排除を要請する事態も起きました。

抗議行動を3類型に分けて考えてみます。

①イスラエル軍のガザ攻撃と民間人犠牲者の規模の大きさから、「均衡性」を求められる自衛権行使の範囲を逸脱し、戦闘員と民間人の区別を求められる国際人道法に違反している、とする抗議。イスラエルに兵器や弾薬を供給する米政府への抗議行動。

②イスラエル政府への批判をユダヤ人一般に拡大し、ユダヤ人への偏見や差別、迫害で使用されてきた言葉をまじえ中傷したり脅したりする「反ユダヤ主義」的な抗議。

③ハマスの大規模テロ自体を「解放運動」と讃える「ハマス礼賛（らいさん）」の政治活動。

①は過剰な軍事行動やそれに対する支援への抗議で、民主主義の社会では合理的で正当な言論、抗議活動です。ただ実際にはさまざまな思惑の組織や人々が入り込み、現場での集団的な興奮もあって②③の暴言が吐かれ、拡散しました。

全米がぴりぴりした雰囲気になった一因にアメリカの人種差別の歴史があります。活動家の中には、パレスチナ紛争を白人による植民地支配、有色人種差別と捉える人もいます。イスラエルをかつての南アフリカのような「アパルヘイト（人種隔離）」国家と見ます。占領地のパレスチナ人にはイスラエル領内と別の法が差別的に適用され、その状態がもう半世紀以上も続いています。

ただイスラエルのユダヤ人の約半数は肌の色がアラブ人と変わらない中東系です。黒人のユダヤ人もいます。アラブ人はコーカソイド（白人種）に分類され、一般に目が大きく、鼻が高く、体格ががっしりしています。ガザのパレスチナ男性は「ヨーロッパでイタリア人を装ってナンパした」と自慢していました。イスラエルと対立するイランの主要民族ペルシャ人は「アーリア人」とされています。中東で4年近く暮らす間、アラブ人がアジア人の容姿を見下す言葉を耳にし嫌な思いをしたことはあります。「人種」が出てくると感情的にヒートアップしがちです。非白人間の関係も一様ではありません。

●占領の毒が回ったイスラエル

イスラエル紙ハアレツにアミラ・ハスという旧知の記者がいます。彼女はユダヤ人ですが、ガザ地区や西岸に住んで取材した気骨のある記者です。ユダヤ人の極右から脅迫状を受け取っても、イスラエルの占領を批判する記事を書き続けてきました。

ハス記者は2023年12月下旬、「ガザの子供たち数千人を殺しているのにイスラエル人はなぜ無関心でいられるのか」という記事を書きました。彼女が列挙した理由は、①長年、国家の生存を保障できるのは軍事力だけだと教育されてきた、②「背景」を考えるとハマスやテロの正当化につながると警告されてきた、③犠牲者はユダヤ人だと考えてきた、④耐え難い写真は見ないことにした、⑤パレスチナ人によるイスラエル人の虐殺はすべて記憶し、イスラエル人によるパレスチナ人の虐殺はすべて忘れた、⑥パレスチナ人はソマリア人よりはいい生活をしているのだから不平をいうな、と考えた、⑦何十年もパレスチナ人の家を壊し、ユダヤ人の家を建て、快適に暮らすことに慣れてきた、⑧穏健派のパレスチナ人が、「入植者の暴力による土地と自由の収奪が続けば、自分たちの子供は武器と報復しか考えられなくなる」と警告するのを無視してきた……。

長年の占領の毒が、占領者自身に回ってきた、ということです。

ハアレツ紙のギデオン・レヴィ記者も同じころ「イスラエルでは中道の主流派までガザ住民2万人の死は自業自得だという。これほど恥ずかしいことはない」と書き、抗議の電話やヘイトメールを1000回以上受け取りました。レヴィ記者は「先にハマスによる虐殺があったという正当な理由があれば何をしてもよいのか」と問いかけ、「どんな状況でも許されないことがある。2か月間に子供8000人を殺すことがそれだ。ガザで手足を切断された子供たちの写真や映像から目を背(そむ)けてはならない」と訴えました。

●ネタニヤフとハマスの共倒れ望むバイデン

バイデン大統領は、ネタニヤフ首相の苛烈なガザ攻撃を止めないと、民主党の左派にたたかれ続けます。でもパレスチナ支持の左に寄り過ぎると、今度は中道派が離反し、本選挙でトランプに負けてしまいます。股裂き状態です。急進派と穏健派、理想主義者と現実主義者が対立するリベラル陣営の一種の宿痾(しゅくあ)です。

バイデンはネタニヤフに自制や一時停戦を繰り返し求めました。でも安全保障問題では米大統領の要請でも容易に受け入れないのがベギン、シャロン以来、イスラエル右派首相の流儀です。戦争が終われば、ネタニヤフはハマスの攻撃を防げなかった責任を問われます。収賄などで起訴された刑事裁判で有罪となり、収監される恐れもあります。

戦争が続けば、戦時内閣の首相を変えるのは簡単ではありません。連立内閣を維持するには、ベングビール国家治安相のような極右閣僚を重視せざるをえません。極右入植者は、シャロン首相が２００５年に入植地と軍事基地を撤去したガザに再入植する機会をうかがっています。

バイデン政権や欧州連合（ＥＵ）、穏健アラブ諸国、日本を含む国際社会は２国家共存案による和平を支持してきました。西岸のパレスチナ自治政府が、ガザの統治を回復してパレスチナが再びひとつになれば、希望も見えてきます。それはパレスチナ国家の独立阻止を政治的使命とするネタニヤフや右派にとって悪夢です。

ネタニヤフは「ガザ戦争後」のプランを語るのを徹底的に避けてきました。窮地に陥ったら時間稼ぎをするのが常套手段。ネタニヤフはトランプ在任中、蜜月関係を売り物にしていました。トランプは退任後、関係が必ずしも良好でなかったことを暴露しました。特にトランプが根拠なく「不正」だと言い続ける２０２０年大統領選挙後、当選したバイデンにネタニヤフが祝意を伝えたことを子供っぽく根に持ち続けています。それでもネタニヤフは、トランプが次期米大統領になる方が、死中に活を求められるチャンスがあります。ネタニヤフはそれを待ち、粘り抜くつもりでいるようです。

バイデン政権にとっては、過去30年間も和平交渉の妨害で暗黙の共棲関係にあったネタニヤフとハマスが、共倒れしてくれると好都合です。しかしイスラエル右派もハマスも多くの熱烈な支持者に支えられるしぶとい組織。消え去ることはありません。

バイデン政権は「戦後」のガザで、穏健アラブ諸国を中心とする国際部隊が治安維持に当たり、パレスチナ自治政府が民生部門を手始めに、徐々に体制を整え力量を上げていく構想を描いているようです。

イスラエルで２０２４年4月におこなわれた世論調査では、「戦後」のガザで望ましいのは、国際部隊による治安維持33%、イスラエル軍の駐留継続24%、再入植19%、パレスチナ自治政府の統治13%という結果でした。占領軍駐留と再入植が合わせて43%に上り、イスラエル世論の強硬化が見て取れます。

●テレビで報じられないガザ住民のハマス批判

テレビの報道でガザ地区の住民がハマスを批判する光景を目にすることはまずありません。ガザの一般住民は本心ではどう思っているのでしょうか？　あれだけひどいテロをやればイスラエルが猛反撃してくるのはわかりきっていました。

共同通信は２０２３年11月下旬、ハマスにも矛先を向けるガザ住民の声を報じました。

「私たちの夢は単純だ。働いて家族や子供を養いたい。政治や抵抗運動なんてどうでもいい。ただ生きたい。それだけだ」と怒りをぶちまける野菜売りの31歳男性。「(人質と交換してパレスチナ人政治犯) 150人を取り戻すために1万4000人 (当時のガザの死者数) 以上が犠牲になったのか。もうたくさんだ。ガザでは病気がまん延し、食べ物も水もない。何もない」と泣きながら語った39歳の主婦。

イスラエルの占領批判で著名なハアレツ紙のアミラ・ハス記者は2024年4月1日、「人々はシンワルを呪っている。ハマス反対がガザの多数派」という記事を書きました。ハマスにパンを求めるデモが銃で威嚇され、「人質を解放し、戦争を終わらせて」と訴えるデモの声がハマスにかき消された、といったガザ住民の恐怖や不満を報じました。反米、反イスラエルの「デモ撮影中にハマス批判の声が上がるとカメラを向けるのを止めた」といったパレスチナやアラブのメディアの「沈黙」への住民の怒りを伝えました。

2023年11月から12月にかけて実施されたパレスチナの世論調査で、ガザ住民の約42%がハマス支持との結果が出て日本でも報じられました。ガザを長年取材してきた土井敏邦氏は、イスラエルによる破壊の「原因をつくったハマスを『42%』が支持することがありうるだろうか」と疑問を呈し、記者なら「何度もガザを取材し、ハマスの強権政治下で住民がどれほどハマスを恐れているか見聞しているはずだ」と、そうした注釈のない記事の問題点を指摘しています。

●もしトランプ再登板なら

2024年11月の米大統領選挙は現職の民主党バイデン大統領と、共和党のトランプ前大統領の一騎打ちとなるのが確実な情勢です。

バイデンは、インフレや不法移民問題が不人気なうえ、再選されれば任期末に86歳になる高齢がネック。対ハマス戦争でのイスラエル支援で左派の若者など支持層から批判を浴びています。

トランプは異例の親イスラエル、パレスチナ冷遇政策をとりました。結果を重視するなら、不満があっても「より悪くない」バイデンに投票する選択になりますが、理想主義的な若者は自分の「心情の倫理」（M・ウェーバー）の純粋性を重視します。バイデンの足を引っ張り、強硬派の共和党というトンビに油揚げをさらわれる事態は考えられます。

もしトランプ再登板となったら、アメリカの中東外交はどうなるでしょうか？

トランプはネタニヤフと違い、パレスチナ国家に強く反対していたわけではありません。

「アブラハム合意」の先にあるサウジアラビアとイスラエルの国交正常化を実現したいはずです。イラン封じ込めの負担をサウジとイスラエルに分担させ、中東への軍事的関与を減らし、余力を中国との競争やアメリカへの投資に充てたいでしょう。

サウジもイスラエルとの国交を望んでいますが、パレスチナを見捨てるわけにはいきません。パレスチナ国家樹立に向けた道筋をイスラエルが示す必要があります。トランプがサウジの実力者ムハンマド皇太子の意を汲み、イスラエルに対し柔軟な対パレスチナ政策を求める可能性はあります。一方、イランやハマスを含む親イラン武装勢力に強硬策をとり、事態をさらに混迷させる恐れもあるでしょう。

●トランプ登場と反ユダヤ主義の台頭

トランプの登場後、反ユダヤ主義的な白人至上主義者が勢いづきました。

２０１８年10月、米東部ピッツバーグの「生命の樹」シナゴーグ（ユダヤ教会堂）で男が銃を乱射し11人を殺害する米国史上最悪の反ユダヤ主義事件が起きました。実行犯は白人至上主義者です。２０２１年1月6日、トランプに煽られて「Qアノン」と呼ばれる陰謀論者を含むトランプ支持者がワシントンの連邦議会議事堂を襲撃し、選挙結果を覆そうとする大事件が起きました。陰謀論は、過去の反ユダヤ主義のストーリーと酷似（こくじ）しています。

ユダヤ系の米作家フィリップ・ロスに『プロット・アゲンスト・アメリカ』という小説があります。「アメリカへの陰謀」という意味です。１９４０年の米大統領選挙で、ローズヴェルトではなく、ヒトラーと親交のあった大西洋単独無着陸飛行の英雄リンドバーグが大統領になっていたら、という仮想歴史小説です。

リンドバーグは孤立主義的な「アメリカ第一主義者」でした。小説では、リンドバーグ大統領がハワイで近衛文麿（このえふみまろ）首相と会談し、大日本帝国の「東亜新秩序」を承認します。同じ「アメリカ第一主義」を唱えるトランプが２０１５年、大統領選出馬を表明すると、ロスの小説は未来を先取りしていたと話題になりました。

ユダヤ系アメリカ人の約7割は、大統領選挙で伝統的に民主党候補に投票します。トランプはこれが不満で「アメリカにはイスラエルを愛さないユダヤ人がいる」「ユダヤ人のサルツバーガー家が経営するニューヨーク・タイムズはイスラエルを憎んでいる」「福音派の方がアメリカのユダヤ人よりイスラエルを愛している」と発言しました。ユダヤ系アメリカ人はこうした言葉に反ユダヤ主義の響きを感じ取り、不安を覚えています。

●戦争を喜ぶ福音派指導者、改宗を警戒するユダヤ人

イランは2024年4月中旬、イスラエルがシリアのイラン大使館を空爆した報復として、イスラエルをミサイルやドローンで攻撃しました。イラン本国からの初めてのイスラエルへの直接攻撃です。イスラエルはアメリカと共同開発した防空システム「アイアンドーム」などでほとんどを迎撃しました。米英仏3か国とヨルダンも協力しました。

イランはイスラエルに大きな損害を与えないよう事前に攻撃の情報を漏らし、撃ち落としやすい速度の遅い兵器を使用しました。イスラエルは数日後、イランの核施設があるイスファハン、ナタンツの防空レーダーに対する小規模な報復をするにとどめました。イラン、イスラエル、そしてアメリカも対立がエスカレートする事態を望んでいません。

イランのライシ大統領が2024年5月、ヘリの墜落事故で死亡しました。イランはイスラエルによる暗殺説を主張しませんでした。

イランがイスラエルを攻撃した翌日、米連邦議会に福音派の牧師ら数百人が集まり、イスラエルとイランの「緊張緩和をしないよう」陳情しました。キリスト教シオニスト団体「イスラエル支援キリスト教徒連合」（CUFI）のヘイギー牧師は、旧約聖書の「エゼキエル書」を引き合いに出し、イランの攻撃は世界終末戦争が始まるとする聖書預言の正し

さを実証した、と信徒たちに説きました。

ヘイギー牧師は日ごろ、イスラエルが戦争に巻き込まれるのは終末のドラマの開始で、喜ばしい、と語っています。冷戦時代に原理主義的な福音派が聖地エルサレムへのイエスの再臨を期待し、米ソの核戦争を待望したのと同じ発想です。

福音派の終末論では、ユダヤ教徒の聖地再集住後にイエスが再臨し、大戦争や大地震など「大いなる苦難」に見舞われます。ユダヤ人の一部は改宗してキリスト教徒になり、改宗しない多くのユダヤ人は死ぬとされています。

福音派の黙示思想には、キリスト教の生みの親であるユダヤ教徒をキリスト教に改宗させたいという願望が秘められているのです。戦後の福音派の巨人グラハム師は1960年にイスラエルを初訪問した際、ユダヤ人への宣教はまったく意図していないと強調しました。ヘイギー師もユダヤ人への宣教を口にするのを封印しています。

ユダヤ人の側はキリスト教徒の福音宣教を警戒しています。トランプが親イスラエル政策を取ったのは福音派への配慮が大きな理由でした。ユダヤ系アメリカ人がトランプへの警戒心を解かないのは、ユダヤ人の「改宗か死」を預言する神学に立つ福音派を信じきれないことに一因があります。

●親パレスチナに急変した日本人

日本経済新聞（電子版）は2023年11月24日、イスラエル・ハマス戦争についての約190万件の投稿を分析した「SNS言語で温度差、英仏は親パレスチナ、独は親イスラエル」との記事を掲載しました。調査対象は10月7日から1か月です。各国別では、アメリカでも親パレスチナ31％、親イスラエル23％、中立46％と、若者がよく使うSNSではパレスチナ支持が多いのが特徴です。

日本語はグラフのみの掲載です。事件直後は親イスラエルが40％超、親パレスチナは10％未満ですが、2～3日で逆転し、10月末には「親パ」がアラビア語と並んで80％近く、「親イ」はほとんどゼロと急変したことです。日本語は11月7日でも「親パ」が50％を超え、アラビア語に次ぐ高い数字です。

「中立」の割合を見ると、日本語とドイツ語などとの違いが際立ちます。日本語の中立は事件時の50％弱から2、3日で80％弱まで上昇、その後、どんどん減っていき、11月7日は30％台後半。ドイツ語は60％前後、フランス語は70％前後で大きな変化はありません。ドイツ人やフランス人は、イスラム教徒やユダヤ教徒と日常的に接し、紛争の複雑さを知っているからかもしれません。当事国のイスラエルで、「親イ」が50％にとどまり、中立が39％もあります。自国の戦争を冷静に見ている人々が相当数いるのでしょう。ＳＮＳを多く使う若者は徴兵されガザに送られます。

●反ユダヤ主義と日本人

１９９５年1月末、文藝春秋社の月刊誌「マルコポーロ」は、ナチスがユダヤ人大量虐殺に使った「ガス室」はなかったとするホロコースト否定論の記事を掲載しました。米ユダヤ人組織サイモン・ウィーゼンタール・センターなどが抗議し、文藝春秋社が謝罪し同誌が廃刊される事件がありました。事件はイスラエルのテレビでも報道されました。同僚のイスラエル人は、「日本人はキリスト教を知らないのだから、日本人は反ユダヤ主義者にはなれない」と、擁護とも皮肉ともつかない言い方をしました。

反ユダヤ主義は、少数者や弱者への一般的な差別と違い、キリスト教の神学や歴史が絡んでいるようだと感じました。しばらく後、エルサレムの奥まった小路に面し自爆テロの心配のないエルサレムの寿司店で、日本語の雑誌を驚くほどのスピードで読む紳士に出会いました。紳士はヨーロッパの同センターの責任者で、マルコポーロ事件の追及に関与した、と自己紹介しました。

２０２１年７月、東京五輪開会の前日、式のディレクターの男性が過去にホロコーストを題材にコントをしていたことを同センターなどに抗議され、直ちに解任されました。イスラエル紙ハアレツの女性記者は、「私たちユダヤ人も、ホロコーストをネタにジョークをいうではないか。彼を助けてあげられるのは私たちユダヤ人しかいない」と、コラムを書きました。読者からホロコーストをネタにしたジョークがたくさん寄せられ、掲載されました。

記者と読者の聡明さ、優しさを感じました。ネタニヤフ首相だけを見ていると、イスラエル人全般を否定的に見てしまう人もいるかもしれませんが、イスラエル人の大半は、冗談をいうのが大好きな、楽しい人たちです。それはパレスチナ人も同じです。

●バイデンの武器支援停止発言

バイデン米大統領は２０２４年５月上旬、イスラエル軍がガザ南部ラファに侵攻すればそのための「武器を供与しない」と述べ、人口密集地での軍事作戦は支援しない方針をネタニヤフ首相に伝えました。武器供与は同盟の要です。ネタニヤフは翌日、「国際社会からの圧力で自衛をやめることはない」「必要があれば単独で戦う」と返し、トランプ前大統領は「バイデンはイスラエルを見捨てた」と批判しました。

ネタニヤフ政権のようなユダヤ教極右に支えられる連立政権が長く続くと、国際法や国際協調を重視する民主党の大統領との対立が続き、同盟の軋みは大きくなっていきそうです。

トランプ再登板なら、左派の批判を気にする必要はありません。イランの脅威、対サウジ接近を軸に、右派政権の強硬策も容認しそうです。トランプがバイデンに敗れても、保守的な福音派のキリスト教シオニズム、アメリカの政治文化に根強い親イスラエル感情、巨額の政治献金など在米ユダヤ人の影響力などは当面、大きく変化することはなさそうです。

●国際刑事裁判所がイスラエル首相、ハマス幹部に逮捕状請求

国際刑事裁判所（ICC、ハーグ、赤根智子所長）のカーン主任検察官は5月20日、戦争犯罪と人道に対する罪の容疑で、イスラエルのネタニヤフ首相とガラント国防相、イスラム主義組織ハマスの幹部3人の逮捕状を請求しました。

首相と国防相には「戦闘の手段に市民の飢餓を使用」「意図的に市民を攻撃し殺害」を容疑事実に挙げ、人道支援物資の遮断で食料・水・燃料・医薬品など「生存に欠かせない物資」を奪って死亡させた容疑なども挙げました。

逮捕状を請求されたハマス幹部は、ガザ地区の指導者ヤヒヤ・シンワル、軍事部門カッサム旅団のモハメド・デイフ司令官、カタール在住の政治部門指導者イスマイル・ハニヤ。容疑は2023年10月7日の越境攻撃によるイスラエル市民ら「数百人の殺害、根絶」「245人以上の人質拘束」「レイプなどの性暴力、拷問、残酷な扱い」とされ、人質への性暴力なども挙げました。

逮捕状請求と同時に、著名な国際法専門家8人の委員会が、容疑事実を「信じるに足る合理的な根拠がある」と認定した報告書を発表しました。日本の報道ではハマスの「性暴力」に触れない記事もありましたが、報告書は時系列で先んじるハマスの犯罪から始め、双方の刑事責任を同様に追及しています。

委員の一人で米人気俳優ジョージ・クルーニーの妻としても知られるレバノン生まれのアマル・クルーニー弁護士は、「戦時下における民間人保護の法は100年以上前に制定され、紛争の理由にかかわらず世界のあらゆる国に適用される」とのコメントを発表し、法の適用を受けない戦闘や超法規的な犯罪者があってはならないと強調しました。

イスラエルでは「テロ組織ハマス」と同列に扱われたことに、反ネタニヤフ陣営を含め反発が噴き出し、イスラエルを支援するバイデン米大統領は「言語道断だ」とＩＣＣを強く批判しました。ハマスも「抵抗運動だ」と反発しました。ＩＣＣには１２０か国以上が加盟していますが、アメリカやイスラエル、ロシア、中国は加盟していません。日本は２０２３年にＩＣＣ分担金の約15％を負担する最大の拠出国です。

ＩＣＣは２０２３年、ロシアのプーチン大統領に逮捕状を出しました。今回の請求をＩＣＣの予審裁判部が認め、逮捕状が発行されても、容疑者が実際に逮捕される可能性はほとんどありません。けれどもＩＣＣの設立条約で、加盟国は容疑者が自国領内に入った際、拘束するよう求められています。外交的な行動が大きく制約されます。

英ガーディアンは5月末、カーン氏の前任者でイスラエルとハマスの戦争犯罪の捜査に乗り出したベンスダ主任検察官を、イスラエルの特務機関モサドの要員が逮捕状を請求しないよう脅していた、と報じました。モサドはＩＣＣ職員や情報提供者の電話を盗聴し、スパイウエア「ペガサス」でスマホの情報を盗み取っていました。アメリカも逮捕状請求を阻止するため、ＩＣＣに強い圧力をかけてきました。

続いて国際司法裁判所（ＩＣＪ、ハーグ）が5月24日、イスラエルにガザ最南部ラファでの軍事作戦の即時停止を暫定措置（仮処分）として命じました。ＩＣＣは人道支援物資搬入のためエジプトとの境界ラファ検問所の開放継続や、ガザへの調査団の自由な立ち入りをイスラエルに求めました。命令には15人の裁判官のうち日本の岩沢雄司氏を含む13人が賛成しました。ＩＣＪはハマスにも人質の即時解放を求めました。

ＩＣＪには判決を強制的に執行する手段がありません。イスラエルは仮処分命令後もラファへの空爆や地上攻撃を続け、多数の住民の命が奪われました。

国際法廷は、過去の戦争・紛争の犠牲の上に発展し蓄積されてきた国際法、国際人道法に基づき、普遍的で実効性のある正義の実現を目指す人類の大切な機関です。今回、イスラエルやアメリカ、ハマス、さまざまな集団からの圧力に屈せず、法に基づく判断を示しました。

●「特別な関係」の将来

両国の「特別な関係」が今後もし弱まるとしたら、その要因は何でしょうか。同盟は敵や仮想敵あっての同盟です。イランのイスラム革命政権崩壊などで中東に反米、反イスラエル国家がなくなったら、米イスラエル間の特別な同盟の必要性は薄れるでしょう。

イスラエルにとって超大国アメリカの支援が軍事的、外交的、経済的に極めて重要なのは変わりません。米議会調査局の報告（2023年3月）では、戦後アメリカの対イスラエル支援総額は1580億ドル（約24兆5000億円）で、受益国中イスラエルがトップです。内訳は1144億ドルが軍事支援、それと別にミサイル防衛関連で99億ドル。2007年までは経済支援も計343億ドルを受け取っていました。アメリカにとっても、イスラエルの軍事力、特務機関モサドなどの情報収集力、高度な研究開発能力は魅力です。両国の特別な同盟関係が大きく揺らぐ事態は考えにくいように思われます。

米議会事務局の報告はイスラエル支援の背景に、イスラエルの安全保障へのアメリカ国内の強力な支持、中東での共通の戦略目標、民主主義的価値、歴史的な結びつき～などを列挙しています。本書は聖書の政治文化を基盤とする建国物語の類似性、福音派のキリスト教シオニズムを軸に、そうした背景を考察してきました。

最後に宗教に関する見通しを付け加えれば、イスラエルでは今後、人口動態から見て、出生率の高い宗教右派の割合が増大するのは確実です。イスラエルが将来、もしユダヤ教の神権政治体制に移行し始めたら、政教分離のアメリカン・デモクラシーとの乖離（かいり）が生じ、同盟の基盤のひとつである価値の共有が揺らぎます。

聖書預言を信じ救世主（メシア）を待ち望むユダヤ教とキリスト教の原理主義的な人々

が、エルサレム神殿の再建（第三神殿建設）を本気で目論めば、岩のドーム（黄金のドーム）やアルアクサ・モスクがあるイスラム聖域を死守するパレスチナ人との衝突が激化するでしょう。

あとがき

わかりやすく、読みやすい本を目指しました。「読者を置いてきぼりにする文章は嫌い」――ある編集者の言葉です。前著『パレスチナ 聖地の紛争』と比べ、外交史の記述などを減らしました。結果は？ 何かしら皆さんのお役に立てることを願っています。

本書に独自性があるとしたら、アメリカの保守派とリベラル派の双方がなぜ基本的にイスラエル支持なのかについて、「聖書の同盟」という観点から包括的に考察し整理したことです。『修道法学』掲載の自分の諸論文を改編し使用しました。

海外取材を支援してくれた共同通信社、快適な研究環境を提供してくれた広島修道大学の教職員、学生、講演会の広島市民の皆様に感謝しています。

東京大学の山城貢司（やましろこうじ）先生がヘブライ大学のメシェル先生を招いて開かれた聖書研究会で、私が「出エジプト記」の講義に触れたことが、本書の「聖句」選択などに影響しました。

イスラエルの核兵器秘密開発や情報・特務機関、アメリカとイスラエルのユダヤ人同士の対立についてほとんど触れられませんでした。新書という性格上、文中や参考文献で言及できなかった良書、論文の著者の皆様、非礼をお許しください。

3章で触れたユリスの小説『栄光への脱出』を、聖書について多数の著書がある故犬養（いぬかい）

道子（みちこ）さんが60年以上前に翻訳されていたことを今回初めて知りました。五・一五事件で祖父犬養毅（つよし）首相が暗殺された現場に居合わせた方です。30年前、聖地の修道院や病院を案内してくださいました。「旧約と新約ではどちらが重要ですか？」と愚問を発した私に、「そういう質問をすること自体が、何もわかっていないということなのよ」と優しく諭してくださいました。奇縁と学恩を感じます。幽冥境（ゆうめいさかい）を異（こと）とするのは人の世の定めとはいえ、言葉を交わせないのが残念です。

私事で恐縮ですが、兄の故船津聰一郎（そういちろう）への感謝を記すことをご容赦ください。兄は母校早大の修士課程で国際政治を学びましたが、家業を継ぎ、末の弟の世話をし、私が海外で記者を続けることを可能にしてくれました。本を書くことを、いつも励ましてくれました。

パレスチナの人々にあまり触れられませんでした。和平の希望があったころ、ガザ地区の難民キャンプで、神の加護を受けて暮らす猫たちをテーマに取材をしました。イスラム教徒は猫をとても大切にします。

幾多の戦争を見てきたガザの婦人がいいました。

「嫁をもらうなら猫のような娘がいいよ。猫のように愛らしく、しなやかだから。でも向かってくる者には爪を立てて闘う、そんな強さも備えているのさ」。

Fitzgerald, Francis, *The Evangelicals: the Struggle to Shape America*, Simon & Schuster Paperbacks, 2017
Lindsey, Hal, *The Late Great Planet Earth*, Zondervan, 1970
Merkley, Paul, *American Presidents, Religion, and Israe*, Praeger, 2004
Noll, Mark, Bebbington, David, Marsden, George, edit., *Evangelicals*, Eerdmans,2019
Reagan, Ronald, An American Life: The Autobiography, Simon & Shuster 1990
Spector, Stephen, Evangelicals and Israel: The Story of American Christian Zionism, Oxford University Press, 2009,
Wallis, Jerry L., edit., *The Oxford Handbook of Eschatology*, 2008
Wessinger, Catharine, edit., *The Oxford Handbook of Millennialism*, 2011

●冷戦後、和平崩壊、右傾化(第5章)

井上達夫『ウクライナ戦争と向き合う』(信山社出版、2022)　『世界正義論』(筑摩選書、2012)
船津靖『パレスチナ 聖地の紛争』(中公新書、2011)
ベルジャエフ、ニコライ著、宮崎信彦訳『マルクス主義と宗教』(創元社、1953)
Freedman, Robert O., edit., *Israel Under Netanyahu: Domestic Politics and Foreign Policy*, Rootledge, 2020
Pfeffer, Anshel, *BIBI: The Turbulent Life and Times of Benjamin Netanyahu*, Hurst, 2020
Ravid, Barak, *Trump's Peace: The Abraham Accords and the Reshaping of the Middle East*, 2022
Windmueller, Steven F., edit., *The Impact of the Presidency of Donald Trump on American Jewry and Israel*, University of South California, 2021

●イスラエル・ハマス戦争(終章)

池内恵『現代アラブの社会思想 終末論とイスラーム主義』(講談社現代新書、2002)
岩沢雄司『国際法』(東京大学出版界、2020)
Chehab, Zaki, *Inside Hamas*, I.B. Tauris, 2007
Hass, Amira, *Drinking the Sea at Gaza*, The Penguin Group, 1999
Shapira, Itzhak, *The New Hamas: The Great Organized Chaos & the Coming of Mashiach*, Amazon, 2023

●聖書・事典等

『聖書　旧約聖書続編付き　聖書協会共同訳』(日本聖書協会、2018)　ヘブライ語聖書対訳シリーズ(ミルトス)　『世界年鑑』(共同通信社)　Encyclopedia Judaica, Wikipedia(英語版)
C.I. Scofield, *The Old Scofield Study Bible, King James Version*, Oxford, 1917
Reich, Bernard, Goldberg, David, *Historical Dictionary of Israel*, third edition, Rowman & Littlefield, 2016
Rolef, Susan Hattis, edit., *Political Dictionary of the State of Israel*, The Jerusalem Publishing, House, 1993
Smidt, Corwin, Kellstedt, Lyman, Guth, James, edit., *The Oxford Handbook of Religion and American Politics*, 2009

●シオニズム、ホロコースト(第2章)

池田有日子『ユダヤ人問題からパレスチナ問題へ』(法政大学出版局、2017)

H.M.サッカー著、滝川義人訳『アメリカに生きるユダヤ人の歴史』(明石書店、2020)

佐藤唯行『アメリカのユダヤ人迫害史』(集英社新書、2000)

セゲブ、トム著、脇浜義明訳『七番目の百万人イスラエル人とホロコースト』(ミネルヴァ書房、2013)

ヒルバーグ、ラウル著、望田幸男他訳『ヨーロッパ・ユダヤ人の絶滅』(柏書房、2012)

パペ、イラン著、田浪亜央江・早尾貴紀訳『パレスチナの民族浄化』(法政大学出版会、2017)

森まり子『シオニズムとアラブ』(講談社選書メチエ、2008)

若林啓史『中東近現代史』(知泉書館、2021)

Hersh, Seymore, *The Samson Option*, Random House, 1991

●建国神話・市民宗教(第3章)

斎藤眞著、古矢旬・久保文明監修『アメリカを探る』(みすず書房、2017)

サイード、エドワード著、今沢紀子訳『オリエンタリズム』(平凡社、1993)

橋爪大三郎『アメリカの教会』(光文社新書、2022)/『アメリカの行動原理』(PHP新書、2005)/『死の講義』(ダイヤモンド社、2022)

藤本龍児『「ポスト・アメリカニズム」の世紀』(筑摩書房、2021)

Cherry, Conrad, edit., *God's New Israel: Religious Interpretations of American Destiny*, UNC (the University of North Carolina) Press, 1998

Goldman, Shalom, *God's Sacred Tongue, Hebrew & American Imagination*, UNC Press, 2004/*Zeal for Zion: Christians, Jews, & the Idea of The Promised Land*, UNC Press, 2009

Kaplan, Amy, *Our American Israel: The Story of an Entangled Alliance*, Harvard, 2018

Silver, M.M., *Our Exodus: Leon Uris and the Americanization of Israel's Founding Story*, Wayne State University Press, 2010

Uris, Leon, *Exodus*, Bantam Books, 1958

Wallis, Rodney, *Reimagining the Promised Land: Israel and America in Post-War Hollywood Cinema*, Bloomsbury Academic, 2020

●占領、福音派(第4章)

青木保憲『アメリカ福音派の歴史』(明石書店、2012)

アムスタッツ、マーク・R著、加藤万里子訳『エヴァンジェリカルズ』(太田出版、2014)

栗林輝夫『アメリカ大統領の信仰と政治』(キリスト新聞社、2009)

スミス、アントニー・D著、一條都子訳『選ばれた民』(青木書店、2007)

パットナム、ロバート・D他著、柴内康文訳『アメリカの恩寵』(柏書房、2019)

ハルセル、グレース著、越智道雄訳『核戦争を待望する人びと』(朝日選書、1989)

ホーフスタッター、リチャード著、田村哲夫訳『アメリカの反知性主義』(みすず書房、2003)

森本あんり『反知性主義』(新潮選書、2015)

Boyer, Paul, *When Time Shall Be No More: Prophecy Belief in Modern American Culture*, Belknap Harvard, 1992

Festinger, Leon, *When Prophecy Fails*, Martino Publishing, 2009

主な参考文献

●主要メディア

日本経済新聞、中国新聞、共同通信記事データベースPRESTO、NHKニュース防災サイト、イスラエル紙ハアレツ、ニューヨーク・タイムズ紙、CNN放送、BBC放送、AP通信、アルジャジーラ放送、イスラエルILTV放送、米外交誌フォーリン・アフェアーズ、米クリスチャニティ・トゥデイ誌

●アメリカ・イスラエル関係(序章)

市川裕・臼杵陽・大塚和夫・手島勲矢編『ユダヤ人と国民国家』(岩波書店、2008)

Carenen, Caitlin, *The Fervent Embrace: Liberal Protestants, Evangelicals, and Israel*, New York University Press, 2012

Cohen, Avner, *Israel and the Bomb*, Columbia University Press, 1998

Freedman, Robert O., edit., *Israel and the United States: Six Decades of US-Israeli Relations*, Routledge, 2012

Mead, Walter Russell, *The Arc of a Covenant: The United States, Israel, and the Fate of the Jewish People*, Knopf, 2022

Mitelpunkt, Shaul, *Israel in the American Mind: The Cultural Politics of US-Israeli Relations*, 1958-1988, Cambridge, 2018

Ross, Dennis, *Doomed to Succeed: the U.S.-Israel Relationship from Truman to Obama*, Farrar, Straus and Giroux, 2015

Tal, David, *The Making of an Alliance: The Origins and Development of the US-Israel Relationship*, Cambridge, 2022

●古代ユダヤ教、キリスト教(第1章)

大貫隆『終末論の系譜』(筑摩書房、2019)/『イエスという経験』(岩波現代文庫、2014)/『イエスの「神の国」のイメージ』(教文館、2021)

佐藤研『聖書時代史 新約篇』(岩波現代文庫、2003)

K.シュミート著、小友聡監訳・日高貴士耶訳『旧約聖書神学』(教文館、2019)

スターク、ロドニー著、穐田信子訳『キリスト教とローマ帝国』(新教出版社、2014)

高橋正男『物語 イスラエルの歴史』(中公新書、2008)

M.ティリー、W.ツヴィッケル著、山我哲雄訳『古代イスラエル宗教史』(教文館、2015)

長谷川修一『聖書考古学』(中公新書、2013)

I.フィンケルシュタイン、N.A.シルバーマン著、越後屋朗訳『発掘された聖書』(教文館、2009)

P.K.マッカーター・ジュニア他著、池田裕・有馬七郎訳『最新・古代イスラエル史』(ミルトス、1993)

山我哲雄著『聖書時代史 旧約篇』(岩波書店、2003)

Finkelstein, Israel, Mazar, Amihai, *The Quest for the Historical Israel: Debating Archaeology and the History of Early Israel*, SBL Press, 2005

1969年	ニクソン米大統領とメイヤ・イスラエル首相が「核密約」と推定
1973年	エジプト、シリアがイスラエル奇襲、第四次中東戦争、石油ショック
1979年	エジプト・イスラエル平和条約、イラン・イスラム革命
1980年	イスラエルのベギン首相がエルサレム首都化宣言、安保理が非難決議
1981年	イスラエルがイラク原子炉空爆、サダト・エジプト大統領暗殺、イスラエルがゴラン高原併合、安保理非難決議
1987年	第一次インティファーダ勃発、ガザでハマス旗揚げ
1991年	湾岸戦争、ウクライナ独立、ソ連崩壊
1993年	パレスチナ暫定自治宣言(オスロ合意)
1994年	米出身のユダヤ極右がヘブロン乱射事件、ハマス自爆テロ開始、ガザと西岸エリコでパレスチナ先行自治
1995年	ユダヤ極右がラビン首相暗殺、西岸都市部の自治拡大
1996年	ハマス連続自爆テロ、首相公選でネタニヤフがペレスに小差で勝利
2000年	クリントン米大統領仲介のバラク首相、アラファト議長の最終地位交渉決裂
01年	国際テロ組織アルカイダが9.11同時テロ、米英軍がアフガニスタン侵攻・占領
03年	米英軍がイラク侵攻、フセイン政権崩壊
05年	シャロン首相がガザから軍撤退、入植地撤去
07年	ハマスがガザからファタハ駆逐、実力支配、イスラエルがシリア北朝鮮製原子炉空爆
09年	ネタニヤフ政権樹立、入植地・イラン問題でオバマ米大統領と対立
10年	オバマ、イスラエルと秘密サイバー兵器でイラン遠心分離機破壊
16年	オバマ、10年間で38億ドルのイスラエル支援に合意
18年	トランプ米大統領が米大使館をエルサレムに移転
19年	トランプ、ゴラン高原(シリア領)のイスラエル主権承認
20年	トランプ仲介でイスラエルとUAEなどがアブラハム合意
21年	反ネタニヤフ連立政権樹立
22年	ロシアがウクライナ侵攻、ネタニヤフが極右と連立政権樹立
23年	ネタニヤフの「司法改革」案に抗議デモ、イスラエルとサウジアラビア国交正常化交渉進展、10月ハマス大規模テロ攻撃、イスラエルがガザ空爆・侵攻、バイデン米大統領が武器支援、12月南アが国際司法裁判所(ICJ)にイスラエルをジェノサイド条約違反で提訴
24年	5月バイデンが武器支援一部停止に言及、国際刑事裁判所(ICC)検事がネタニヤフとハマス幹部に戦争犯罪容疑で逮捕状請求、ICJがイスラエルにラファ攻撃停止命令

イスラエルとアメリカの略年表

前10世紀	ダビデ王の子ソロモン王がエルサレムにユダヤ教第一神殿建設
前8世紀	北王国イスラエルがアッシリアに征服され滅亡
前7世紀	南王国ユダのヨシヤ王がヤハウェ信仰強化の宗教改革
前6世紀	南王国が新バビロニアに征服され滅亡・神殿崩壊(バビロニア捕囚)、ペルシャ帝国による解放、聖地帰還、第二神殿建設
前5世紀	旧約(ヘブライ語)聖書(ユダヤ教「律法と預言者」)編集本格化
前4世紀	アレクサンドロス大王の征服
前2世紀	ユダヤがセレウコス朝シリアとマカベア戦争、ハスモン朝成立、『ダニエル書』成立
前1世紀	ローマ属領に、ヘロデ王が神殿改築着手
1世紀	イエス十字架死(30年ごろ)、ユダヤ戦争勃発(66年)、エルサレム陥落・神殿崩壊(70年)、マサダ砦陥落(73年)、新訳(ギリシア語)4福音書編集、『ヨハネの黙示録』成立
4世紀	ローマ帝国でキリスト教公認(313年)、国教化(392年)
7世紀	第2代正統カリフのウマルがエルサレム入城(638年)
10世紀	第1回十字軍がエルサレム占領、王国樹立(1099年)
12世紀	アイユーブ朝サラディンがエルサレム奪回(1187年)
17世紀	メイフラワー契約(1620年)、ウィンスロップの「丘の上の町」(1630年)
18世紀	米で「大覚醒」、独立宣言(1776年)、フランス革命でユダヤ人解放令(1791年)
19世紀	東欧でポグロム(ユダヤ人襲撃)頻発(1881年〜)、キリスト教シオニストのブラックストーンがハリソン米大統領に嘆願書(1891年)、ドレフュス事件(1894)、ヘルツル『ユダヤ人国家』(1896)
1909年	米で原理主義的な『スコフィールド聖書』出版
1917年	英バルフォア宣言、英軍エルサレム入城
1922年	英が正式に国際連盟パレスチナ委任統治
1924年	米移民法でユダヤ移民制限、日本人移民排斥
1925年	米テネシー州でスコープス進化論裁判
1940年	アメリカ第一主義委員会設立
1941年	独ソ戦勃発、ヒトラーのホロコースト(ユダヤ人大量虐殺〜1945年)
1946年	チャーチル「鉄のカーテン」演説で米英の「特別な関係」
1947年	国連パレスチナ分割決議、アラブ側拒否
1948年	イスラエル独立宣言、トルーマン米大統領承認、第一次中東戦争
1949年	停戦協定、エルサレムの西をイスラエル、東をヨルダンが実効支配
1956年	スエズ動乱(第二次中東戦争)
1962年	ケネディ米大統領が米イスラエルの「特別な関係」
1967年	第三次中東戦争でイスラエルが東エルサレム・西岸・ガザ、ゴラン高原、シナイ半島占領、東エルサレム併合。核兵器秘密保有と推定

聖書の同盟
アメリカはなぜユダヤ国家を支援するのか

2024年6月20日　初版印刷
2024年6月30日　初版発行

著者◉船津 靖

企画・編集◉株式会社夢の設計社
〒162-0041　東京都新宿区早稲田鶴巻町543
電話（03）3267-7851（編集）

発行者◉小野寺優

発行所◉株式会社河出書房新社
〒162-8544　東京都新宿区東五軒町2-13
電話（03）3404-1201（営業）
https://www.kawade.co.jp/

DTP◉イールプランニング

印刷・製本◉中央精版印刷株式会社

Printed in Japan　ISBN978-4-309-50451-3

河出書房新社

「半島」の地政学

クリミア半島、朝鮮半島、バルカン半島…
なぜ世界の火薬庫なのか？

内藤博文

半島はなぜ、
覇権の思惑が
激しく交錯するのか？

その地勢と
歴史から生まれる
各国の思惑とは？